FROM THE OTHER SIDE OF THE WORLD

Extraordinary Entrepreneurs, Unlikely Places

世界的另一面

硅谷之外的7个非凡创业故事

[美] 埃尔米拉·贝洛斯丽◎著
(Elmira Bayrasli)

赵国月◎译

中国财经出版传媒集团
中国财政经济出版社

图书在版编目（CIP）数据

世界的另一面：硅谷之外的7个非凡创业故事/（美）埃尔米拉·贝洛斯丽著；赵国月译.—北京：中国财政经济出版社，2016.12

ISBN 978-7-5095-6992-4

Ⅰ.①世… Ⅱ.①埃…②赵… Ⅲ.①企业管理-经验-世界 Ⅳ.①F279.12

中国版本图书馆CIP数据核字（2016）第228869号

著作权合同登记号：01-2015-7115

责任编辑：周水琴　　责任印制：刘春年
责任校对：胡永立　　版式设计：丁丁图文

中国财政经济出版社出版

URL: http://www.cfeph.cn
E-mail: cfeph@cfeph.cn

社址：北京市海淀区阜成路甲28号　邮政编码：100142
营销中心电话：010-88190406　北京财经书店电话：010-64033436
北京时捷印刷有限公司印刷　各地新华书店经销
880×1230毫米　32开　8.875印张　149 000字
2016年12月第1版　2016年12月北京第1次印刷
定价：46.00元
ISBN 978-7-5095-6992-4/F·5599
（图书出现印装问题，本社负责调换）
本社质量投诉电话：010-88190744
反盗版举报热线：88190492　88190446

A+B=E (to the 3rd power) +L+R,

with infinite love ①

母亲 + 父亲 = 兄弟姐妹^3+

丽莎 + 莉娜，永无止境的爱

---

① 在土耳其语中，Anne 是母亲的意思，Baba 是父亲的意思，A+B 指作者的父母亲。作者和她弟弟妹妹的名字都是以字母 E 开头，所以 E 代指的三次幂就是指作者和她的兄弟姐妹们。作者的弟媳叫 Lisa，用字母 L 代替，作者的外甥女叫 Rina，用 R 代替。作者谨以此书献给她的家人。——译者注

目录

引言

硅谷之外的世界

有时候正是那些最意想不到的人，能做出最超出想象的事。

——《模仿游戏》(2014)[①]

我快满8岁时，我们一家人去了父母的故乡——土耳其中部旅行。因为曾有过几次长途出行，所以整个夏天我都得打起精神应付那些脏乱的泥土路，忍受时不时的腹泻，更令人恐惧的是不计其数的蹲坑。土耳其是个贫穷和不发达的国家，因为它错过了工业革命带来的种种进步。虽然，这里有电，却只能断断续续地供应，电话也只能在邮局看到。这次旅行让我发现了令人恐惧的一件事——土耳其居然没有番茄酱。

① 《模仿游戏》(*The Imitation Game*)，是由莫滕·泰杜姆执导，本尼迪克特·康伯巴奇、凯拉·奈特莉等主演的传记电影。影片改编自安德鲁·霍奇斯编著的传记《艾伦·图灵传》。——译者注

世界的另一面

From the Other Side of the World

祖母给我准备了一盘法式炸薯条，我向她抱怨："我为什么吃不到番茄酱？"

"这儿不是美国。"她安慰我。在美国，一切皆有可能，土耳其则不行。

"为什么不做一些呢？"我愤愤不平地问道。

只有井然有序的社会和治理有方的政府才能提供平坦的道路、干净的水、完善的管道、可靠的供电和办公电话。之前就听到父母抱怨土耳其领导人的不称职，我这才明白，在我父母曾经离开的这个国度，是享受不到这一切的。繁荣，只能是在另外一种语言中才能说得清的东西。

8 岁孩子眼中的番茄酱，无非就是几颗西红柿，而在土耳其西红柿到处都是。为什么啊？我问祖母，难道土耳其就没一个人开个番茄酱厂吗？

"哎哟，在土耳其创业是何等之难啊！"祖母惊叹道。

我太过年幼，无法理解祖母的话，只能将祖母的反应当作是"为什么土耳其很穷、为什么我父母要痛下决心移民美国"的解释了。我认为我是对的，我理解了父母放弃土耳其去适应美国时面对的那种煎熬。穿梭于这两个不同的世界，在我很小的时候，就有了"拯救世界"的想法：要帮助那些像生活在土耳其这样的地方却没工作可做的人。

在后来的日子里，我曾天真地认为，只有政府和领导人才能拯救世界。对我来说，“商业”就是华尔街“贪婪”的代名词。我在一个名叫苏利文·克伦威尔（Sullivan & Cromwell）[①]的律师事务所里做了几年的暑期工，艾伦兄弟和约翰·福斯特·杜勒斯（John Foster Dulles）曾是这里的资深合伙人。艾伦兄弟曾是美国中央情报局的负责人，约翰曾是艾森豪威尔总统的国务卿。我在律师事务所目睹了私营机构的冷酷无情。在他们眼里，生意只有一种模式，就是竞争。那段经历告诉我，只有公共部门才能造就繁荣，只有不为钱所困的官员才能造就繁荣。

我取得政治科学和中东地区研究的双学位后，于 1993 年进入美国国务院工作，做马德琳·奥尔布赖特（Madeleine K. Albright）[②]的助理。起初，她是美国驻联合国大使，后来担任美国国务卿。工作之余，我时时关注令人揪心的卢旺达混乱、波斯尼亚战争和伊拉克的危机。我以为，应对这些事，唯有政府能靠得住。

在波斯尼亚黑塞哥维那[③]服务的 4 年中，我身担重任，签

① 一家实力雄厚的律师事务所，总部在纽约。——译者注

② 马德琳·奥尔布赖特，美国前国务卿，在克林顿任总统时供职，为美国历史上第一位女性国务卿。——译者注

③ 位于原南斯拉夫中部。——译者注

署了一项任务——帮助波斯尼亚人从一系列战争的蹂躏中恢复过来。那时，我才意识到自己高估了政府应对全球经济危机的能力。我花费绝大部分时间写报告和纠正昏厥的官僚主义，官僚主义对国家复兴与从战争和屠杀中幸存下来的百姓毫无益处。政府为自己制定了规则，要想“做好事”，政府就不能摆脱这些规则的约束。

规则高于百姓，审核重于行动。我的工作要完全依照时间表去一一完成，而不是根据情况改善波斯尼亚人的环境——重建家园，改善教育，创造就业机会。

波斯尼亚急需商业促进经济增长，带来就业机会，这样才能使老百姓过上体面的生活。我在波斯尼亚东部调研考察时，一位波斯尼亚老太太告诉我：“我们需要工作，我们要通过劳动来重建我们的家园。男人们都去欧洲寻活干了，而我们无事可干。”

提供就业机会尚未纳入外交计划和援助工作中，援助只限于人权和民主。那位老太太还告诉我，她们连生计都没着落，人权和民主从何谈起。2006 年我离开了波斯尼亚，我对美国国务院及其外部干预措施和救济政策已不再抱任何幻想，单单靠外交手段是难以改善民生的。波斯尼亚需要的不只是圆桌会议、建立信任的措施和那些陈词滥调，还需要就业机会、市场、商务、贸易等。他们需要发展经济，需要创业。

新千年伊始，“创业”吸引了商人、名流和政客，风靡一时，成为无处不在的一个时髦语，是一种比在办公室工作更能创造美好生活、创造就业机会和财富、解决生存问题的方式，甚至是一种能更好地拯救世界的途径。2006年，我加入了纽约的非营利组织“奋进”（Endeavor），支持市场上新兴的创业者，从那以后我才开始理解这一切的是是非非。

许多人把“创业”看作是一个想法或梦想的顶点，但是这种传统的看法仅仅看到了事情的表面。与全世界那些已经创业、并将企业扩大到百万美元以上规模的创业者面对面交流后，我才知道他们身后还有更多的故事。

虽然，创业确实源自一个梦想，但实际上它需要你拥有能够克服一切困难的能力，正如经济学家、创业教父约瑟夫·熊彼特（Joseph Schumpeter）所说的“创造性破坏”。创造性破坏是用新方法、新市场和新方式淘汰旧方法和旧做法。正因如此，创业不同于开个干洗店、修理店或卖晚餐等小本生意的小打小闹。小本生意往往只提供一种商品或服务，雇用少数几个人，而创业者则是机遇的代言人，不仅能够创造财富、制造繁荣，还能重塑社会经济格局。创业者创造了新的商业模式和新产业，进而创造出新的机遇。随着全球化浪潮的到来，不论是非洲、亚洲、拉丁美洲，还是中东地区的人都会利用这些机遇。

冷战后的全球化使得跨越国界的交流和旅游更加便利，这极大地刺激了经济活动。硅谷的高科技公司将业务外包给中国、印度和以色列等国家。如此一来，这些公司不仅创造了就业机会，更重要的是传播了知识和灵感。

如今，下一个乔布斯很有可能就生活在土耳其、尼日利亚、巴基斯坦、墨西哥、俄罗斯、印度、中国或者其他国家。毫无疑问，创意可以改变我们的生活，甚至能够拯救全世界，要见证他或她的伟大创意，只是时间问题。

当你看到众多困难的时候，往往是你忘记目标的时候。

——亨利·福特

新千年伊始，唯一能描述易贝网（eBay）[①] 的词就是“所向披靡”了。2000 年，这家网络公司从毁灭好几千家硅谷新兴公司的网络经济泡沫中幸存下来，直到 2004 年，净利润超过 30 亿美元。来自 20 多个国家的数亿人通过易贝网平台买卖东西。正如易贝网的标语说的那样，它们正成为“全球网上市场”。

---

① eBay（EBAY，中文电子湾、亿贝、易贝）是一个管理可让全球民众上网买卖物品的线上拍卖及购物网站。——译者注

2004 年，易贝网决定争取其他国家的顾客，中国就在名单前列。经济迅猛增长、数以百万计的人进入了中产阶层，迫切想要花掉刚刚积攒的财富。中国将使易贝网成为世界上最有钱的公司。易贝网会毫不犹豫地付诸行动，将生意打入中国市场。

或许早该如此。2004 年易贝网进入中国的时候，遇到了一个快速增长、充满野心的市场，信心坚定的创业者比比皆是。他们跟硅谷的那群创业者一样，梦想宏大，经营方法却不按套路出牌。曾是一名英语教师的马云，就是这样的一名创业者，他打算挫败易贝网的计划。

在 20 世纪 90 年代中期，有次马云到访美国，他在那里发现了互联网。随后，马云将这套工具带回中国。那时候，马云跟其他人一样，对互联网的真正潜力和影响没有任何具体概念，他只是将其看作是一种推动商业的新工具。特别是在当时的中国，推动商业是人人都非常感兴趣的一件事。

1995 年，马云推出了“中国黄页”，这是一份收录有中国各大公司的搜索清单。这件事搞砸以后，他并没有回去继续教书，而是迎难而上。他坚信，互联网只会越来越重要。因此，他不仅继续熟悉技术领域，还以一种宗教般的激情关注网络趋势。他甚至愿意耗时去经营一家国有信息技术公司——中国国际电子商务中心。

几年后，互联网爆发式增长，成为商业主流。越来越多的公司以互联网为资源提高他们的运营，同时也提高了盈亏底线。更多的网络新创公司开始萌芽，商业的未来全由数字领域把控。在这个发展的过程中，马云得到了历练，他推出了供中国企业彼此联系的网站——阿里巴巴，也是谷歌的供应链。

突然间的成功使阿里巴巴成为商业热点，也成为那些筹备创业的人的焦点话题，更成为中国增长速度最快的网站之一。

然而，马云却认为不能就此停步。为了继续生存，为了在中国的技术领域博得头筹，除了以竞争者的身份出现在世界舞台上，阿里巴巴还要突破网站的局限做生意。网站必须给个人提供有价值的东西，让他们信服。

硅谷的技术公司催生了网络公司的蓬勃发展，亚马逊（Amazon）、易贝和网上旅行社（Priceline）正是在这样的背景下诞生的。每个公司都用自己独特的方式为用户提供了不可或缺的工具。随着时间的推移，这些公司，尤其是易贝网着力于放眼全世界，积极吸引其他国家的顾客。

马云曾告诉一名记者："迟早有一天，易贝网会跟我们正面相逢。"马云准备反击易贝网的入侵，也许，他能做的还有更多，他想证明中国也可以创新。

1999 年，马云在他的公寓召集 17 名阿里巴巴的创始人。

马云告诉大家:“中国人跟其他人一样聪明。”他口中的“其他人”就是硅谷和西雅图发起技术和网络革命的工程师和技术人员。

“如果我们打造出一个优秀的团队,并且我们很清楚想要什么,那么我们就能以一敌十。”马云这样说道。

这不是一句空话。随着互联网的发展,马云看到了将中国从只组装西方产品的流水线经济中解放出来的可能性。这种新技术可能会促使中国人打造、推出自己的产品和服务,中国如此,世界也如此。互联网将顾客变成参与者,可以评论,可以发明,也可以解决问题。老百姓可以在互联网上分享他们关心的事、他们的想法和他们的故事,互联网开始演变成一条双行道。然而,与其他非西方国家一样,中国仍然有许多困难需要克服,如技术工短缺、基础设施落后、资金匮乏和墨守成规等。中国最终要与像美国、欧洲和日本这样高度发达的经济体竞争,甚至寻找机会击败它们。

决定要跟易贝之流竞争之后,马云在2004年推出了一个类似于易贝网客户对客户(C2C)的“大卖场”——淘宝网。他创建淘宝网时,正值易贝网登陆中国准备争夺市场。易贝网兼并了一家中国的电商网——易趣网。由于中国的互联网,尤其是电子商务行业还未曾达到一个临界点,马云计划影响并重塑它们，进而阻挠易贝网的侵入。马云认为，中国没有必要总向西方学习，（在互联网方面）中国人可以做出自己的特色。

马云赋予淘宝的驱动力，正是当年促进易贝网成功的东西。不过易贝网忽略了消费者的满意度，而马云却能确保淘宝网与消费者产生共鸣。中国消费者不同于西方国家的消费者，中国的消费者看重与卖家的互动，他们想要了解卖家，淘宝网的实时通讯和聊天功能满足了这一需求，而且淘宝网还是免费的。尽管易贝网管理层批评马云，指出“免费不是一种商业模式”，并指控买家和卖家的交易行为，但马云矢志不渝，将消费者置于营利之上。

两年内，阿里巴巴和其子公司淘宝占据了中国线上市场95%的份额。易贝网下血本死磕，注入上亿美元资金进行对抗，甚至还要出资兼并阿里巴巴和淘宝。当时的易贝网首席执行官梅格·惠特曼（Meg Whitman）非常有诚意地邀请马云去硅谷参观易贝网总部。当然，这都不能打动马云让其卖掉公司，更不能打败马云。马云以权利经纪人的身份与搜索引擎——雅虎达成一份协议，雅虎向阿里巴巴投资10亿美元。这笔交易加上马云的持久努力，使其打造出一个世界级公司，让易贝网功亏一篑。阿里巴巴获胜了，它的获胜也是对硅谷的一次警告——全球创业者们来了。

像马云这样来自中国和其他非西方国家的创业者创建的公

司，正飞速发展，对西方老牌企业和新硅谷科技巨头形成挑战。这些人正在转移全球化创新和创业的轴心，他们的做法给创业及其过程提供了重要的启示——创业与（地域）环境无关，而与团体、勇气、毅力、坚持、信任和价值观念有关，更在于你要利用这些品质去攻克创业过程中的所有障碍。

• • •

近几年来，诸如中国这样的发展中国家的惊人变化激发了人们的创业激情。这些国家的经济从依赖援助到自主增长的转变，并不是靠企业和企业集团的帮助来实现的，而是由那些新创公司来实现的。实际上，是创业者在荒原中开垦出了充满生命力的“绿洲”。

然而，将全世界范围里诸如马云之类的创业者看作一种新现象就大错特错了。发展中国家一直不缺创业者，他们做出的贡献或多或少都促进了社会的发展。虽然，人们缺乏受教育和就业的机会，但只要人们依靠自己的努力就能改善自己的生活状况。因为缺乏体制的支持，这些微型企业无法盈利，无法发展壮大，也无法提供就业岗位，更无法拉动投资。用经济学家、历史学家拉尼尔·迪萨纳亚克（Ranil Dissanayake）的话来说就是，将硅谷的工程师与街边小贩或店老板区分开的，并不是他们教养的高低，而是能否习惯于坚持并衡量一份经营理念。这就是为什么富裕的国家是富裕的，而贫穷的国家一直是贫穷的关键。

困难是每个创业者的“拦路虎”。任何地方的人想要创业，都会遭遇重重障碍。在落后的国家中，这种障碍比比皆是且根深蒂固，是经济增长和国家发展的根本性阻碍。

在与世界各地创业者打交道的过程中，我发现有 7 种循环出现的障碍：技术工与管理缺乏、基础设施薄弱、合作平台稀少、垄断、腐败、法制不健全和满足现状。

本书考察了这些障碍，并分析了来自 7 个国家的 7 名创业者是如何应对这些障碍的。他们聪明、富有创意且雄心勃勃，决意要在自己的国家实现他们各自的抱负。这些不畏困难、勇往直前的创业者，利用网络、人才、科技创建合作竞争平台，以价值观引领企业发展，专注打造文化品牌。他们机智地克服困难，创造就业岗位，创造利润，还拉动投资，最终推动了各自国家经济的发展，这就是对创业全球化的一个新定义。

本书涵盖一些目击者的陈述，方便大家了解那些打破市场，并给商业、投资、经济、政治以及给社会带来全面改变的创业者。他们的成就以及策略，为所有创业者和各地每个想要从事领导工作的人提供了经验和教训：

- 土耳其伊斯坦布尔的布莱特·塞勒彼（Bülent Çelebi）是一

名富有经验的工程师，正努力寻找合适的人才来帮他在全国甚至欧洲和美国推广他前沿的无线网格网技术，以拓展公司业务。

- 尼日利亚拉各斯的塔约·奥维苏（Tayo Oviosu），原来是硅谷的一名高管，正奋力克服落后的基础设施，争取早日让尼日利亚百姓和全体非洲人享受到金融服务，从而带动非洲经济的发展。
- 正当美国有线电视新闻网（CNN）播出巴基斯坦最新恐怖袭击的画面时，电脑工程师莫里斯·拉赫曼（Monis Rahman）正利用互联网业务去重塑老百姓对世界的认知。
- 墨西哥蒙特雷的恩里克·戈麦斯·洪科（Enrique Gomez Junco）是一名经营节能企业的创业者，正与他们国家的垄断势力作斗争。
- 印度孟买的夏菲·马瑟（Shaffi Mather）是一名社会活动家，正通过一项以营利为目的的救护车服务着手对付他们国家的腐败问题。
- 俄罗斯莫斯科的亚娜·雅科夫列娃（Yana Yakovleva）是一名化工厂的创办者，曾被蒙冤关押，但她勇敢地面对克里姆林宫，拒绝屈服于任何来自外界的压力。
- 最后一位是北京的雷军，被称为“中国的乔布斯”。在一个想急切释放创新活力的国度中，他正开发尖端智能手机和应用软件，用技术的力量推动社会和经济的发展。

在一无所有的条件下创办企业并取得成功，这些创业者们的经历给我们上了重要的一课，不仅给我们提供了宝贵的经验，还给那些急于进军全球市场和供应链，并打算参与全球化创新合作的公司和投资者提供了借鉴。随着土耳其、尼日利亚、巴基斯坦、墨西哥、印度、俄罗斯和中国财富的日渐增长，他们开创性发明的能力和才能也随之增强。虽然，苹果、脸书和谷歌都诞生于硅谷，但伴随着快速的全球化，几乎可以确定的是，下一个“大事件”将发生于世界的另一个角落。

当今商界的最大动力已经不再局限于硅谷，创业在全球遍地开花，创新活力不断高涨，创业的经验教训得到了积累。世界各地的创业者们正将硅谷的创业故事演绎得越来越国际化。

From the Other
Side of the
World

第一章

闪烁的绿灯：吸引人才、孕育文化

信任的不是技术，而是人！

——史蒂夫·乔布斯

卡尔斯[1]和伊斯坦布尔

土耳其一个孤立偏远的小镇上，一家破烂的旅馆走廊尽头，一束刺眼的绿光引人注目。我以前去过卡尔斯，这里曾是亚美尼亚王国、乔治王朝、土耳其帝国、沙俄帝国的战场，不过现在成了岩质平原上被人遗忘的一个边区村落。这里，安纳托利亚区域（Anatolia）[2]正好与高加索山脉（Caucasus Mountains）相接壤。

寓言故事中挪亚方舟的长眠之地亚拉腊山（Mount Ararat）就在附近。这里是卡尔斯跟外界为数不多的接触点之一。最近一次对亚美尼亚古城安妮（Ani）[3]的考古挖掘，吸引了全世界的考古学家和历史爱好者。我午夜时分到达旅馆，前台人员招

---

① 卡尔斯是土耳其东北部的一个省份，省会城市卡尔斯，与亚美尼亚共和国交界。——译者注

② 土耳其的亚洲部分。——译者注

③ 一座曾被毁灭的中世纪亚美尼亚城市，位于靠近亚美尼亚边界的土耳其卡尔斯省境内。——译者注

呼我，问道："您的卡尔斯之行是如何安排的？"坐在大厅里摇摇欲坠的椅子上的几个男子皮肤粗糙、留着大胡子，此时他们突然放下手中的万宝路牌香烟和忘忧珠，准备听我怎么答复。我耸耸肩，然后用土耳其语要了一个房间。

拿着钥匙，我挤进一部狭小又晃动的电梯。上楼走入过道，我看到了那闪烁的绿灯。我暗自思忖，这种地方居然有安保摄像机，真奇怪，也许是个警报系统吧？尽管卡尔斯很穷、很原始，但感觉不到危险，只给人一种单调和回归自然的感觉。除了几个路过的游客之外，几个世纪以来，这里没有多大的改变。人们经营农场、挤奶，然后去清真寺朝拜，很早便上床睡觉。直到20世纪90年代后期，当地的报纸还是用19世纪的鲍曼木版印刷术发布每日的新闻。我摸索着穿过光线黑暗的走廊，进了房间。

虽然，我十分想睡觉，但隔壁的两口子动静太大，弄得我连打盹都不可能。我把电视机音量调到最大也不管用，绝望之中，我拿出笔记本电脑准备写点东西，或做点别的工作，尽管我此行的目的就是为了逃避工作。

奥尔罕·帕慕克（Orhan Pamuk）[①]的小说《雪》（*Snow*）中的故事背景就在卡尔斯。受其启发，我在2007年来这里做了

① 奥尔罕·帕慕克是备受争议的土耳其作家。他公开承认历史上土耳其曾对少数民族施行过种族灭绝政策的事实，却成为2006年诺贝尔文学大奖得主。——译者注

一次文学自助之旅，算是我平日苦差事中的一次短暂休假。我的工作主要是帮助全世界的创业者克服创业初期的困难，并给他们介绍一些指导者和投资者。这是一份伟大的工作，不仅开阔了我的眼界，也让我见识了海外的人才和他们的智慧。不过，我的工作只是与这些创业者创造的财富数据和工作岗位数据有关。刚开始，我并不知道这份工作意味着什么，我一点概念都没有，甚至不喜欢这份工作。对我来说，这些创业者只存在于一张纸上。他们的成就和真正的价值、他们是如何冲破阻碍打破现状、如何在经济上改变他们的祖国、如何为类似硅谷的创业生态系统奠定基础，进而如何将创业变为一种全球现象，这些我都一概不知。

我从箱底翻出苹果笔记本电脑，开始在键盘上飞快地敲打。突然间灵机一动，我想到了一位独特的创业者。

我开始记录这一整天旅程的流水账。这是我的习惯，从一天结束最迟的那件事记起：接近午夜时分到达卡尔斯，街上空空荡荡……一个句子敲到一半时，电脑弹出了一个对话框：选择下面列表上你要加入的无线网络。无线网？这是我未曾期望过的。墙薄得跟纸一样，墙面满是黄色污点，还有这廉价的木板条床，这分明是一个前不着村、后不着店的低廉旅馆。

我环顾四周，搜寻房间里的路由器。等会儿，在楼道里闪烁的那绿灯莫非就是……来不及多想，我就跑进了楼道。果然，我那时看到的绿灯就是由无线路由器发出来的。我走近一步确认，靠近了，我才发现这个路由器贴的不是我在美国熟悉的标签：友讯科技（D-Link）[①]、思科（Linksys）[②]或美国网件（Netgear）[③]，上面贴着土耳其公司的商标——艾泰（AirTies）。

我知道艾泰，它是土耳其一家开发和生产无线网络设备的公司。它的首席执行官是布莱特·塞勒彼，是我曾无偿努力协助的创业者之一。然而直到此时，我才开始仔细观察他的产品。我从未用过，也从未见过这些产品，因为这只是一个路由器，几乎算不得什么创新产品，所以也没想太多。不过，看着那近在眼前闪烁的绿灯，我激动不已。因为这是土耳其人自己的技术！

土耳其是我父母亲长大的地方，我曾来过土耳其多次。那些年里，土耳其人没有可靠的供水、供电或电话服务。一台土耳其产的无线路由器代表着一次质的飞跃。此时此地，这是唯一能与我产生共鸣的事。我充满自豪感，想急切地冲下楼去告诉旅店所有的人："无线网路由器是土耳其产的！"这个发现让

① D-Link 为路由器品牌名。——译者注

② Linksys 为路由器品牌名。——译者注

③ Netgear 为路由器品牌名。——译者注

我震惊，肯定也让别人震惊，可能比我这个单身女子午夜时分孤身住旅馆还要令人震惊。

第二天早上我走进空无一人的大厅，对前台接待员说：“你们有无线网，真了不起。”我还来不及说它是土耳其生产的，前台接待员就凑近我，对我说：“大姐，这可是土耳其人造的。”话咽回来，我无言以对。难以相信，卡尔斯居然有人知道艾泰和它的创始人。

他点着头继续说：“是的，这人在伊斯坦布尔开办了一家公司。他来自美国，却在土耳其办起了科技企业，你相信吗？大姐。”

2004 年，49 岁的微型芯片公司优比联通（Ubicom）[①] 的首席执行官布莱特从美国硅谷回到伊斯坦布尔，跟他的妻子和两个儿子重新团聚。他在土耳其研发了一种新的路由器，可以通过互联网连接计算机，也可以连接其他电子设备，比如音乐播放器、游戏机或电视机。布莱特甚至考虑将洗衣机连接到万维网上。作为一名经验老到的工程师，布莱特很清楚科技的走向。将来，每件设备和小玩意，包括空调、汽车、洗碗机、门、电视以及恒温器都会连接到互联网上，这正是技术专家凯文·艾

① 一家专门开发通讯、数码处理器和软件平台的公司。——译者注

什顿（Kevin Ashton）1999年所说的“物联网”（IOT，The Internet of Things）。

事实上，在土耳其创办一家新兴技术公司似乎是件不可思议的事。在一般人看来，土耳其人不适合做商人或创业者，因为他们是统治者和战士的后代，是奥斯曼帝国的儿女。土耳其人负责征战，而贸易、商业和生意留给了其他族群——亚美尼亚人、希腊人和犹太人。

土耳其人也不适合做“技术人员”（一个只针对电脑和配件怪才的行话称号）。几十年来，土耳其人从国外学习科学技术，却很少投资发展自己的技术。即便技术落后，其资金还是优先放在国防或上层阶级使用上。整个20世纪，绝大多数土耳其人没有多少创新，到21世纪的第二个十年，他们仍然没有做出多少创新。国家政治不稳定，像一潭死水。此外，土耳其领导人下令封锁市场，不仅弄乱了市场的经济秩序，也影响了国有企业的经济效益，再加上一批家族垄断组织，竞争与创业就被扼杀了。

1960年到1980年间，一系列军事政变使这个国家的经济状况和原本就不完善的基础设施每况愈下，安卡拉（Ankara）政府没钱修路、修桥以及修建电力网。这就是20世纪80年代中期土耳其固定电话家喻户晓，而到90年代却还没有有线电视的原因之一。在这种条件下，释放任何技术潜能和创建以创新为基础的企业都显得很无助。土耳其没有这样的基础，更别说培育创业的生态环境了。且不论土耳其的工业，土耳其的新创企业所面临的重重困难——落后的基础设施、缺乏合作平台、垄断、腐败、法治薄弱以及墨守成规，导致土耳其流失了许多人才。实际上，人才流失成了土耳其另一个严峻的问题，很难相信布莱特·塞勒彼能实实在在地将艾泰公司做成功。

然而，他确实成功了。

那么，他是如何取得成功的呢？出于好奇，我对艾泰公司和布莱特的创业过程做了深入的了解。这让我大开眼界，让我用全新的眼光见识了创业者及其创业精神不再只属于硅谷。

全世界范围内，总有那么一些人正克服困难，创建着富有前景的企业。像艾泰这样的公司已经具备全球竞争力，他们正努力改变着国内可能改变的一切。同时，他们也拓展了创业本身的宽度和厚度。

• • •

伊斯坦布尔庄严地坐落在欧洲和亚洲之间，是众所周知的“七丘之城”[①]。这里的山丘何止七座，理应有七十座才对。这里曾是罗马帝国、拜占庭帝国和奥斯曼帝国的首都前址。这个古

① 也有资料显示，“七丘之城”是意大利首都罗马的别称。——译者注

老的大都市，每个角落都高低重叠，没有一点平坦的地方。这座城市没有地理坐标，唯有博斯普鲁斯海峡可以作为固定的参照点。伊斯坦布尔的街道走向就同这个海峡一样，弯弯曲曲，随意延伸。这里的建筑物都一个样，毫无章法但又很自然地连接在一起，像是一个个堆叠的乐高积木。

楼群里，年代久远的建筑物用坚密又牢固的混凝土建成，墙壁很厚，隔音效果非常好，连美国人设计的无线路由器持续发射出来的波长信号都很难穿过。

普通的路由器是将数据从电话线或光纤盒传送到计算机的一种设备。路由器通过无线电波传送数据，经常会受到距离范围的限制，无线电波一旦中断，则需要人工调试，用户必须重启路由器。伊斯坦布尔坚密又牢固的墙壁致使路由器经常掉线。

我和布莱特·塞勒彼坐在他宽敞的办公室里，他告诉我："这种不可穿透性创造了一个机遇，我们计划制造一种不会断线的无线路由器，好吗？"布莱特在每一句话末都要加个"好吗"？实际上这是紧张引起的口头禅。

他的总部办公室在伊斯坦布尔市的梅吉迪耶柯伊（Mecidiyeköy）——这是伊斯坦布尔市的金融中心。总部规模很大，艾泰公司几栋线条流畅的大楼占据了整个街区，剩下的就是交通拥挤堵塞的街道。这让人想起了硅谷的大型园区，那里有思科、谷歌、雅虎和其他一些高科技公司，占地十几平方千米，而这在伊斯坦布尔却很少见。在伊斯坦布尔，（一般公司）所有的办公室和工作人员都能挤进一层楼，甚至是半层楼。

就连艾泰公司办公室的内部装饰也效仿硅谷，这里有开放式的办公室，还有学院派的自助餐厅，以此向硅谷的创新巨头们致敬。当然，公司运行的最初几年里，布莱特努力寻找像硅谷一样的科技人才加盟，然后，通过现有的无线网格网技术，实现他那不会掉线的无线路由器的计划。

无线网格网技术不能从类似路由器的中央处理器接收数据，相反，它是通过有线设备，通过连发脉冲接收数据，而不是通过单个数据流。这些间断连续发射的脉冲，信号很难弱化或中断。

在无线网格网中，每一台设备都是接收器，同时也是发射器。无线网格网不是依靠单一或专用信号源连接互联网，而是多重信号源。因为设备可以不断地更新数据，就不需要用户做任何重新设置。2003 年，布莱特就意识到这会给土耳其人带来实惠，很可能让那些基础设施落后、也无法使用电话线路或光纤的地方的成千上万用户受益。如有铁路隧道等建筑物的地方，就会阻断无线电波；发生自然灾害的地方，电话线路或光纤电缆会中断；或者人群密集的地方，无线电波也会中断。只要增加用户或设备，无线网格网技术也不会降低传输速度。2010 年，海地发生毁灭性地震之后，无线网格网技术在海地投入使用；2011 年，开罗解放广场发生骚乱期间，当地政府关闭了互联网，一群埃及人就发起了“开放无线网格网”项目；2012 年，布鲁克林红钩镇在飓风“桑迪”中遭受重创，无线网格网使得大面积远离地铁、易受洪水袭击的社区保持了通信联络。

然而，无线网格网技术需要大量老练、聪慧的工程师保障其运转。对新创公司或任何公司来说，人才是最重要的因素之一。想法多还不够，还要有能力使这些想法付诸实践并有所作为。最好的新创公司都要依赖于有能力、发奋图强的个人以求发展。吸纳并留住这样的人，是新创公司的首要难题。

土耳其有很多聪明又受过良好教育的工程师，但没有几个能主动地去创新。他们可以在指导下组装一项技术，但是不能独自设计和开发一项技术，因为没人教他们怎样做。

布莱特告诉我：“土耳其没有挖掘硅谷那一类人才的经验基础。”土耳其所拥有的只是“一群聪明的孩子，他们需要合理的管理和引导去做创新和开发之类的事”，还要做出成效。为了让艾泰公司能够在伊斯坦布尔发展顺利，布莱特不得不克服土耳其的官僚习气和资金缺乏等其他障碍。相比于此，培育土耳其的儿童看似就简单多了。布莱特认为，要重拾硅谷的规则手册，则需要着重模仿放大其中最佳的一条——文化。

文化体现了一个公司的价值观和原则，它不仅仅属于世界500强公司。它激发了创造力，更为重要的是，它激发了硅谷里20多岁美国年轻人的积极性。布莱特相信它在土耳其也能发挥出同样的作用。

布莱特为艾泰公司罗列的价值观条目，大多数美国人都很熟悉，它们显目地陈列在公司的大厅里：

- 顾客满意度
- 员工敬业度
- 面向客户的创新
- 乐趣和活力
- 卓越和执行力
- 道德规范和可持续性

不过，土耳其人将这个游戏规则做了一些改变。因为原来的规则与土耳其的大环境不协调，与他们在工作场所的所见所闻形成鲜明的反差。他们所知道的东西对满足顾客、创新或乐趣没多大关系。几十年以来，政府操控着土耳其绝大多数的工作车间，同样也操纵着整个国家，从上到下，严厉管控。土耳其的大多数老板都要求下属顺从，至于包括产量在内的其他东西就不予过多考虑。为达到目的，他们推崇土耳其文化里面的

“羞耻感”，而不倡导畅所欲言或自由表达观点。的确，在土耳其语里，正式的称呼方式使用较常见，如同法语里面的“您”和“你”，关系亲疏要屈从于形式。这就形成了知趣、懂分寸的行政管理气氛。现如今，绝大多数地方仍保留着这种氛围。

针对这种普遍的、根深蒂固的文化观念，布莱特提出的新文化观念步履维艰，很难取得效果。尽管如此，布莱特还是坚定不移，哪怕只为他自己。他告诉自己，每个新创公司都需要指导原则。无规矩不成方圆，这些规则可以让公司更具有凝聚力。布莱特努力通过文化挖掘土耳其的人才，解开束缚人才的条条框框，促使他将网格网网络与路由器融合的想法变成现实。文化让他的新创公司充满了活力。

• • •

布莱特·塞勒彼身材高大，头发又黑又密，与浓密的眉毛正好相称。他是在硅谷做工程师时学到无线网格网技术的。虽然他出生于土耳其首都安卡拉，但他还是将自己视作硅谷之子。他的父亲是一名特殊教育教师，曾获得富布赖特奖学金（Fulbright Scholarship）[①]，在旧金山学习了一年，布莱特孩提时就跟随父亲移居到了美国。后来，一家人又回到了土耳其。不

① 美国国际教育研究所的富布赖特国外留学生计划中，为外国学生提供在国外学术领域的研究和专业培训所需要的奖学金。——译者注

过，回到土耳其的几年后，布莱特的父亲觉得，两个儿子在美国会有更多的机遇，于是决定在旧金山湾区[①]永久定居。

来回奔走的家庭生活，让本已害羞的布莱特很难学好任何一门语言，也很难维系固定的朋友。结果，他选择了数学和科学领域，最终取得了加州大学伯克利分校的工程技术和计算机科学学位。

在伯克利学习的同时，他还在一家小科技公司做一份兼职。在旧金山湾区，他遇到一个活泼可爱的希腊裔美国女孩。他俩结婚后的 1987 年，布莱特受雇于业内一家重要的公司——美国国家半导体公司（National Semiconductor），工作地点在香港。布莱特的工作是负责网络链接，开始是通过本地局域网（LANs）链接，之后是通过多点控制单元（MCUs）设置链接，最后是通过无线网（WiFi）链接。

20 世纪 90 年代后期，无线网相对新鲜。每个人都体会到了它的新奇，布莱特却思考这项新技术能够给人类带来什么变化。此时，他已经回到了硅谷，在美国模拟器件公司（Analog Devices）任总经理一职。后来，他又成为硅谷的一家微芯片制造商——优比联通公司（Ubicom）的首席执行官。

① 指美国圣弗朗西斯科湾地区，旧金山的高级住宅区。——译者注

无线网格网技术已在无线电广播领域得到应用。新千年伊始，包括布莱特在内的一批从事无线路由器研发的工程师们展开了实验，以验证无线网格网技术到底能不能应用到无线网上。如果成功，无线网将可以不间断地传送数据。伊斯坦布尔是个历史名城，其建筑物常常阻断正常的无线网信号，布莱特很清楚，无线网格网技术在这样的地方会产生真正的影响力，同时，也会给一些偏远的边区村落，比如基础设施薄弱的卡尔斯省带来方便。

一想到这样的情景，布莱特就兴奋不已。他接触了几家美国的无线网络公司，建议将无线网格网技术与路由器融合，尤其是那批计划最终要出口国外的路由器。然而他们并不感兴趣，布莱特告诉我。2003 年，硅谷刚刚开始从三年前的网络危机中缓过神来，好多公司和投资者不敢冒险。另外，无线网络技术在美国还很新潮，大多数基础的无线网猫都是链接到互联网，用来做基本事务的操作，如收发电子邮件、开展电子商务和浏览新闻等。如今，互联网平台堪称全能，数据存储、会计人员、虚拟办公室、娱乐媒介、设计制作工具等应有尽有，而早期，互联网只是一个广播和信息平台。那时候，普通的路由器就完全够用了。当时考虑将路由器出口到国外市场，再将无线网格网技术融入就显得没有必要了。

此外，带有无线网格网技术的路由器与无线网络公司策划的商业规划相抵触。无线网络公司与一些宽带或移动电话运营商合作，他们每月靠销售路由器设备赚钱。无线网格网可以让一台设备供应多个用户，在这种情况下，移动电话运营商则无法赚取更多的利润。

布莱特看问题颇有远见。他清楚，无线网格网技术像新千年开始之际的互联网一样，将改变人们的生活。布莱特相信，这项技术可以改变人们的生活，还能解决无线网的区域范围问题以及危机时刻的断网问题。这就是无线网格网技术的价值所在。因此，他辞去了优比联通的首席执行官一职，草拟了一份创业计划，向家人和朋友筹集了 30 万美元，并说服了一批他在硅谷结识的人跟他一起在伊斯坦布尔创业，而没有留在硅谷创业。

在 2003 年，离开硅谷去伊斯坦布尔创业听起来似乎很荒谬。硅谷毫无疑问是创新之都和科技人才的麦加①，而土耳其则是一块科技的不毛之地。在硅谷，最优秀的人才蜂拥而至，风险资本家倾囊向新创公司注入几十亿的投资。然而，布莱特之所以决定离开硅谷，是因为硅谷太能烧钱了。

① 喻为众人都渴望去的地方，向往之地。——译者注

布莱特要制造无线网格网功能路由器和其他配件，就需要硬件，即物理材料和部件。他的想法还需要通过设计、测试、研究和开发，以及更多的人力资源来实现，所有的这一切都依赖于人才。硬件和人才是需要付出代价的，布莱特若想让自己的想法有所进展，就得有足够的资本。硅谷的生活成本在全美国最高，而布莱特需要一个租金和劳动力成本更低的地方，土耳其正好两者都具备。

同时，土耳其还有一样硅谷正在消失的东西，那就是远见。土耳其没有硅谷那样傲慢自大。

像美商快捷半导体公司（Fairchild Semiconductor）[①]、英特尔、苹果、谷歌和脸书等新创公司的成功铺天盖地席卷而来，硅谷就开始得意忘形。虽然，硅谷有不少技术创新公司，但它忽略了也要为这个世界的其他区域发展做贡献，更忽略了这个世界其他区域也正在发展。首先，硅谷集聚了大量的人才和智慧，使这里的创业者和风险投资者不顾及其他地区的发展，要么是对局部地区不予理会，要么觉得规模太小不放在眼里。他们在海外城市选址建厂，而不是打造枢纽、创建创新企业、激发创业精神。

---

① 美商快捷半导体公司是高能效功率类比和功率离散解决方案的供应商，产品应用于工业电子、消费性电子、汽车电子、通讯、计算机与显示器。——译者注

其次，在新世纪初期，许多硅谷的公司还未曾考虑让他们的产品和服务进军海外市场。那时候，美国人以及整个西方人都用一刀切的眼光看待此事，认为在美国和西方国家发生的事，在任何地方都会发生。然而颇具讽刺意味的是，硅谷一边打开门来欢迎来自中国、印度和以色列的工程师，一边又有意地将自己与世界隔离起来。对硅谷的那些人来说，外界并不重要，硅谷才是他们唯一需要关注的对象。

布莱特反对这种观点。或许没有哪个地方可与硅谷相抗衡，但是，忽略硅谷之外的一切就是鼠目寸光。硅谷或许有硅谷自己的时代，但是，如果其他地方也将硅谷的“创造性破坏”（即打破现状）的思潮，以及用新理念革新的方法付诸实践，那么这些地区在某一个时刻也会称霸。在香港生活过一段时间的布莱特清楚地看到了亚洲的潜力。即便是在 2003 年，随着手机的普及，非洲的崛起也越来越成为大家谈论的焦点。

布莱特·塞勒比确信下一个成功的科技创业传奇将出现在美国之外的地方，或许就在他自己的祖国——土耳其。2004 年，新年刚过没几天，布莱特就乘飞机飞到了伊斯坦布尔。

• • •

坐在布莱特旁边的是另一个移居国外的土耳其工程师莫丁·伊斯梅尔·塔斯金（Metin İsmail Taşkin），他身材矮小，头发花白，有一对蓝眼睛。莫丁在美国度过了将近十年时光，起初在波士顿，后来在硅谷的思科科技公司（Cisco）工作，但他从未想过要定居美国。他在美国的任务就是在回土耳其之前学习足够的经验，然后回土耳其开公司。

自从20世纪90年代莫丁离开土耳其，这里发生了翻天覆地的变化。由于急切地想加入欧盟，土耳其在1980年之后就打开了市场大门。国外资本大量涌入，基础设施开始有所改善。截至2003年，土耳其的经济一直保持稳定增长。不过这也很难让土耳其成为一个理想的创业国度，因为这个国家仍然遭受着政治僵局和管治薄弱之苦。令人难过的是，此时此刻这种情况仍未改善。不过，这次开放为创业者铺平了道路，小型企业取代了安纳托利亚（Anatolian）[①] 一带的国有工厂，甚至有几家发展得还相当顺利。

一大批土耳其棉农作为中间人顺利地与像李维斯（Levi's）和汤米·希尔费格（Tommy Hilfiger）[②] 等美国品牌达成了交易。安纳托利亚地区的一家家具制造商同意为欧洲大型企业集团供货。曾在安纳托利亚中心地带沉睡的土耳其各城市，现在生意兴隆，成了经济发达地区，不仅创造了就业机会和财富，还为

① 伊斯坦布尔市的一个地区。——译者注

② 李维斯和汤米·希尔费格都是衣服品牌名。——译者注

土耳其培育了一个积极向上的商标。这就是众所周知的“安纳托利亚猛虎”[①]。他们逐渐提升了土耳其的形象，也催生了中产阶级。

崛起的土耳其中产阶级开始抢购他们曾经在美国电视节目上看到的奢侈消费品，有服装、汽车，还有高清电视机、智能手机和计算机等尖端设备。

截至 2003 年年底，土耳其有 2 800 万手机注册用户，占全国人口的 40%。根据土耳其统计学会数据显示，土耳其生活用电量比上年增长 10%。就在 2003 年，土耳其政府开放了国家的电信通讯工业，允许私人公司参与运营有线平台、手机平台以及互联网平台，这给艾泰公司带来了巨大的机遇。在欧洲，土耳其信用卡普及率最高，超过 50% 的民众刷信用卡购物。这些都使土耳其成了创业的理想之地，甚至有人已着手研发测试无线网格网路由器。

为了发展家乡的电子工业，布莱特接触了莫丁。布莱特告诉莫丁，他要在土耳其改进、开发和测试无线网格网路由器的想法，莫丁听完后，立刻签约同意了。莫丁成了艾泰公司的技术总监。

---

① 土耳其的一种经济现象，是指 20 世纪 80 年代以来土耳其的一些城市群带动经济的高速增长。——译者注

回到土耳其的头几个月，他俩就像是一对大学同学，挤在一间狭小的公寓里工作。最开始，他们花了几个月时间应付土耳其根深蒂固的官僚主义机构。他们不仅忙于日常的文案工作，有时候还不得不行贿，但却一无所获。他们担心索贿者的欲望就像无底洞一样无法满足，于是他们决定脚踏实地，选择了更长、更耗时的路。他们有种预感，走捷径与他俩发誓培育的文化大相径庭，会使人误入歧途。艾泰公司必须是一块道德高地，坚守正义、正直十分重要。

顾客也很重要。在没有市场效益和营销团队的情况下，布莱特和莫丁带着他们的无线网格网路由器联系了伊斯坦布尔的几位经销商。他们几个月之内生产的几款样品帮助他们得到了一批订单。2004 年 8 月，也就是创办公司的 8 个月后，艾泰公司的路由器开始在土耳其家庭普及。在那些住着大房子、一掷千金的有钱人中，他们的产品十分受欢迎。无线网格网路由器发出的无线信号不会中断，这些有钱人也热衷于吹嘘自家拥有最新的技术发明。

到 2006 年，公司已经积攒了一定的名声。无线网格网路由器卖得非常火，顾客对公司本地化的使用手册和 24 小时的电话咨询服务非常满意。以前从来没有一家土耳其公司提供过这种支持，也没有几家公司为顾客提供过任何服务。艾泰公司开始收到不同个人和企业的专门订货，这引起了土耳其最大的通信公司土耳其电信（Turk Telecom）的注意。土耳其电信让艾泰公司提交一份投标书。这是过去未曾有过的事。因为土耳其电信公司严格限制投标人的资质。一旦同意艾泰公司投标，艾泰公司将赢得合同，为土耳其电信公司提供几十万台无线路由器。

与土耳其电信的交易不只是艾泰公司一次里程碑式发展的标志，也是对公司的一次检验。公司出资鼓励并激发员工以培养新创企业文化，没有几家土耳其公司这样做过，如果有，也不多。随着公司与土耳其电信之类的公司签署了合作协议，公司获得了巨大的发展。布莱特雇的那些初、中级水平的工程师里面不乏技术奇才，但也有员工不会制订自己的工作计划，更有员工不会独立解决故障。虽然，布莱特和莫丁从国外带来的一支高级工程师队伍可以提升公司的文化，改善公司的策略方法，但他们还得一步一个脚印地对大量的土耳其务工人员进行培训。

公司存在的另一个问题是员工缺乏主动性。一些团队成员需要不断的指导和赞许，没有几个人懂得如何灵活地适应新变化，如何承担责任，如何配合团队工作。办公室争斗毒害了整个工作环境，耗尽了资源，频频导致失误。有一个很典型的例子，艾泰公司的工程师们误判了土耳其的电力基础设施，制造了一台自认为是世界级的、可以在硅谷使用的路由器，但是，即便是设计最佳的路由器在土耳其使用，也会因土耳其不稳定的低电压而不能正常工作。

土耳其的工程师跟硅谷的工程师一样乐于奉献。布莱特让他们大胆开发，他们便马不停蹄地搞出一些尖端发明和有意思的小产品。

布莱特在鼓励企业文化方面下足了工夫：鼓励员工积极参与，广纳谏言；与一些人的建议恰恰相反的是，他促使公司财务透明化，使每个员工都对其有知情权；他听取员工的建议，还会做出答复。这些努力在几年内初见成效。土耳其也可以培育人才，但并不是通过所谓的“硅谷式氛围”，必须因地制宜建设人才队伍。在布莱特初创艾泰公司之际，土耳其已经不再是大多数人眼中的“第三世界国家”了，不过，要想成为世界一流国家，尚需时日。

布莱特告诉我：“伊斯坦布尔不是硅谷，这里没有一所像斯坦福商学院一样的大学；也没有风险资本家，缺少从容冒险的精神文化。在硅谷，你是中国人、印度人还是土耳其人或者美国人并不重要，重要的是你有特长，你就能够步步高升，得到大家的欣赏，好吗？”

布莱特发现复制这样的环境极其困难。他可以尝试打造文化，但是不能完全将硅谷那种不在乎阶层、种族、经济背景和品牌的环境复制过来，土耳其人很在意这些。改变，需要时间，更需要群众的力量。

现在，尽管布莱特正面临着人力资源的问题，但他还是选择继续向前迈进。他清楚，不能苛求技术完美。他设法在土耳其周边国家推销艾泰公司的路由器。艾泰公司个性化的路由器和附带的本地化服务吸引了希腊、俄罗斯和乌克兰等国的买家。他下定决心，要继续推广路由器。虽然公司收益在上升，艾泰的名声也越来越大，但他们产品开发和市场推广的方法相对落后。正如布莱特所言，这是一款迎合新兴市场的“高端”产品，而不是来自欧美的高档货。纵然新兴市场蒸蒸日上，每个人的信心和自豪感持续膨胀，能够相互团结，但老百姓的目光还是投在欧美品牌产品的廉价仿制品上。因为土耳其曾经的技术从未被认可，所以大家就期待市场上能够出现一些便宜的欧美仿制品，可是却没有出现。为了说服新兴市场顾客购买艾泰的产品，艾泰公司不得不拿到合法的资质，即某种“批准印章”。布莱特决定在西方国家也这样做，自 2008 年起，公司将重点开拓西方国家市场。

• • •

2008 年，当艾泰进军欧洲市场时，正值全球经济危机爆发，艾泰公司受到重创，路由器订单量大幅下降。公司收入从2008年的4 500万美元下跌到2009年的4 000万美元，2010年甚至下跌到3 000万美元。公司天使投资人和董事会成员建议布莱特增加产品种类。布莱特曾谈起要制造包括机顶盒在内的其他无线产品，现在是时候了。

无线路由器链接电脑，机顶盒链接电视机。机顶盒不是通过光缆或碟形卫星天线接收节目，而是让电视从“云端”或互联网上收看节目，是为发射高清视频特意设计的。播客网（YouTube）体现了网络视频作为市场组成部分的重要性，数码视频摄像机和数字录像机（TiVo）也体现了顾客对内容的需求。网络电视是下一个要开拓的前沿阵地，家里每一台电子设备都将通过路由器链接到互联网，还可以通过某单个源设备相互链接，这就是布莱特所说的“数字家庭一体化”。对此，布莱特脑中的构想越来越清晰。

艾泰公司制造机顶盒需要注入大量资金，其金额远远超过单个天使投资人的出资能力。那时候，风险投资在土耳其还是一个很难懂的概念，2010年，土耳其只有为数不多的几家类似基金性质的风险投资公司，且大部分是由政府下令发起的。土耳其人眼中的风险投资家大都来自西方国家，不过，硅谷的风险投资家对土耳其的市场颇感兴趣。

艾泰公司转身求助于私人股权公司伊万斯公司（Invus）。风险投资与私人股权投资有所不同，风险投资意味着在一个创业者身上和其想法上冒险，希望发现下一个脸书或谷歌，而私人股权投资的重点在于帮助公司扭转局面，改善企业财务状况，获得丰厚的利润回报。这正是伊万斯公司帮助艾泰公司希望得到的回报。伊万斯公司提出条件，布莱特只有裁减员工并加速扩大业务，才能给艾泰公司提供必要的资金。

也许，艾泰公司的人才短缺问题有进一步加剧的趋势。最开始的几年，艾泰公司在培育企业文化时做了两件重要的事，这不仅帮助公司渡过了创业的艰难期，还使公司规模得到扩大。首先，布莱特重点罗列的六条价值观给公司指明了方向。这不是空话或是自我感觉良好的修辞，艾泰公司的企业价值观确保了公司重点关注顾客的利益和卓越的服务，而不是问题本身。布莱特指出，问题永远是“一文不值”的，“太过简单和廉价，就不能得到足够的关注，最后你也得不到什么好处”。机会是留给有准备的人的，布莱特在土耳其抓住了机遇。在企业文化的帮助下，他干出了一番事业。

其次，艾泰公司采取的文化策略为土耳其开创了一条全新的经商之路。艾泰改造的不只是土耳其的商业，它的六条价值观宣言像滚雪球一样，激发了其他土耳其企业，他们纷纷抛弃旧原则，并制订出新的指导方针。一石激起千层浪，这一连锁反应也逐渐削弱了土耳其的专断运营作风。结果，越来越多的国外企业开始关注伊斯坦布尔，尤其是一些跨国公司，像戴尔（Dell）、谷歌和微软这些科技巨头都在伊斯坦布尔市设立了总部或卫星办公室，国际银行和国际金融将伊斯坦布尔选为枢纽中心。文化转型的同时也促进了土耳其人才培育方式的转变。

外国人开始移居土耳其，旅居海外的土耳其人也回到了祖国的怀抱。其中曾在芝加哥工作的土耳其工程师艾伦·索亚克（Eren Soyak）也刚刚回国。艾伦曾在美国西北大学读书，取得工程学博士学位后，进入了一家芝加哥市中心的新创科技公司工作。他曾经就想过要回土耳其，但是一想到回土耳其不知做什么，就很纠结。他不愿意为跨国公司打工，尤其不愿意给土耳其公司打工。他不确定自己能不能成为一名创业者，但他很清楚自己需要一段创业经历。

“在艾泰公司的自助餐厅，我跟艾伦见了面。”他告诉我：“对一个工程师而言，来到土耳其就如同走进了一片沙漠，这里什么都没有，你想要的任何东西需要你自己去创造。优秀的工程师已经学会了这么做，而不是去改善一些本已很成熟的某个东西，所以你必须从零做起。”

布莱特是一名“优秀”的工程师，他创造了一些艾伦认为可以继续改进的东西。这一点很重要，不是每个工程师想成为创业者就能成为创业者的。事实上，硅谷的绝大多数人都不是创业者，根据全球创业观察（Global Entrepreneurship Monitor）在 2013 年做的研究数据显示，只有不到 13% 的美国人经营着自己的企业，剩余的人都在为寻找稳定、按时发薪水的工作而奔波。

艾伦以前在芝加哥见过布莱特，爱冒险的布莱特给他留下了深刻的印象。那时候在土耳其创业能否取得成功还存在着很多变数，但布莱特还是毅然回到了土耳其。另外，令艾伦备感欣慰的是，布莱特将硅谷的文化复制到了土耳其，这激发了人们挑战自己、敢于冒险的精神。艾泰不仅喜欢善于思考的人，还给予他们奖励。

像艾伦这样的人很多。有不少 20 出头、旅居海外的土耳其人原本在美国和欧洲有着很好的工作，如在微软这样的公司，现在也回到了土耳其，并在艾泰公司上班。此时正值艾泰公司着手推出新产品——机顶盒。

2010 年，布莱特监督一项刚开始在印度、迪拜、俄罗斯推销的初始产品的销售情况，成败参半。他的投资人建议他转向欧洲。然而，要说服欧洲人信服土耳其的科技需要付出巨大的努力。以前，土耳其不入流的品牌没有几个进入过欧洲用户家里。而现在，侯赛因·塞加拉彦（Hüseyin Çağalayan）、阿祖尔·卡普罗尔（Arzu Kaprol）和里法特·厄兹贝克（Rifat Özbek）成为大家熟知的时装设计师，蓝色马尔牛仔裤（Mavi Jeans）也成为非常畅销的服装零售商。

同年，艾伦·索亚克与其他一些已经成年的“千禧一代”工程师一起加入艾泰公司，帮助其赢得用户的认可和信赖。布莱特刚刚成功与一家丹麦公司签订了他的第一份欧洲交互式网络电视（IPTV）合同。这件事引起了安德里亚斯·马尔茨切兹（Andreas Martschitsch）的注意，他是瑞士电信供应商——瑞士电信公司（Swisscom）的高级主管。安德里亚斯领导瑞士电信的“数字家庭”研发部门，其工作是发现新产品和新服务。作为一名工程师和创新者，安德里亚斯认为最前卫的想法多出自于小公司。如今，越来越多像爱沙尼亚这类的新创通讯公司能够自主成功地开发出像讯佳普（Skype）这样的即时通讯软件，而这些小公司都在看似不可能的领域取得了一定成绩。

安德里亚斯注意到了艾泰公司，也了解到它专为顾客定制无线产品。瑞士电信公司希望其产品与其他竞争者不同，艾泰公司的无线网格网技术正是他们想要的，因为它可以满足顾客的需求。于是，安德里亚斯联系到了艾泰公司，并将其列入瑞士电信公司供应商的名单中。

瑞士电信公司的员工对安德里亚斯精挑细选的艾泰公司感到“困惑不解”，其实就连他自己也有点儿困惑。

他告诉我：“他们纳闷我为什么突然从土耳其引进无线设备。土耳其人因其精致的美食出名，他们是‘烤肉之王’，至于高科技？艾泰公司和我们这边都需要有坚定的决心，要抛开先入为主的思想和老套的观念。”瑞士电信公司的员工不相信，土耳其居然有人才能搞出这么宏伟的设计——机顶盒和新一代软件。绝大多数瑞士人只了解那些去他们国家从事蓝领工作的土耳其移民工人。这些土耳其人大部分没有接受过教育，他们坚守着自己传统又保守的信仰。他们中没有几个人会说德语、法语或意大利语。至于艾泰公司则必须努力向瑞士电信公司证明，他们有可以开发出有技术含量的机顶盒的高端人才。艾泰公司做到了。安德里亚斯告诉我：“你可以清楚地看到，他们愿意满足我们的任何要求。”艾泰公司积极听取瑞士电信公司提供的反馈意见，并反复测试这项技术，直到这项技术在任何条件下都能够正常运转。艾泰公司发现了一种顶级材料，其质量已经让苹果的产品成为诱人的商品，艾泰就投入大量精力进行设计。这让安德里亚斯的同事很是信服。

距首次见面已过去 3 年，2013 年，瑞士电信公司与艾泰公司签订了一份给瑞士家庭配置机顶盒的 10 年合同。拥有完美的制表工艺和精益求精价值观的瑞士人，将会看到土耳其技术走入他们的家庭。在一次新闻发布会上，瑞士电信公司声称，他们之所以选择艾泰公司，是因为艾泰“灵便的无线技术有能力提供最佳的移动体验”。当我跟安德里亚斯聊天时，他说艾泰公司的创业模式和文化吸引了瑞士电信公司。因为艾泰公司可以定制产品，这就可以为瑞士电信公司提供特定规格的机顶盒，瑞士电信公司就有机会成为瑞士数字电视市场的老大。

与瑞士电信公司的交易是艾泰公司的一次突破，并产生了多米诺骨牌效应。互联网和网络电视的市场需求持续上涨。2013 年，超过 3 亿多的电视机从万维网收看节目。在美国，人们通过苹果电视和乐酷（Roku）等供应商，以及葫芦（Hulu）和网飞（Netflix）等软件服务来收看节目。到 2018 年，全球将有 1/4 的电视机链接到互联网上，全球用户数据有望上升到 7.59 亿。

与瑞士电信公司交易之后不久，艾泰公司与英国媒体巨头天空电视台（Sky TV）和法国电信签订了协议，最近又跟冰岛、意大利以及美国等国的公司签订了协议。2014 年，艾泰公司与美国电话电报公司（AT&T）和直播电视集团（Direct TV）签订协议，向其提供技术支持。土耳其的技术从土耳其一个偏远角落的破败旅馆，成功地走向了美国。

• • •

有点讽刺的是，布莱特一心培育人才，雇用最优秀的人才来为艾泰公司工作的同时，伊万斯公司的投资人却质疑布莱特本人的能力。虽然布莱特创建了公司，还扩大了公司规模，但伊万斯公司投资人却觉得他没有按照他们要求的步骤去做。他们认为，艾泰公司应该在产品开发和规模扩张方面做出更多努力。结果，2012 年伊万斯公司的投资人要求布莱特下台，他们让一位在数字媒体和通信行业的资深人士去领导艾泰公司，此人是菲利普集团法国总部的前领导人。布莱特的董事会席位予以保留，他也可以参与产品的研发。

我问起这一变化，布莱特告诉我："为了能够让公司在特定的领域得到发展，我们需要引进海外人才，这样才能够切实地生产出不同的产品。"他解释说，自己只是个"芯片技术人员"，没有销售各类产品的经验。10 年前，这些产品只存在于布莱特的脑海中。

他说："如果你想尝试新的领域，人才是必不可少的。技术市场在不停地快速变化。时间即是财富，我们根本没有时间去学习（陌生领域的知识）。"

最近几年，土耳其的技术发展非常迅猛。整个国家 7 800 万人口中的近一半人都可以上网。土耳其拥有欧洲第五大互联网用户量，居世界前20位。

截至2010年，土耳其的经济已上升到世界第16位。由于经济增长速度快，普通的土耳其人在2013年的收入已经是2003年收入的两倍多，整个伊斯坦布尔乃至土耳其其他地区的新创企业数量激增。现如今，伊斯坦布尔市的大学都为科技创业公司提供专门的创业知识和组织管理方面的课程。很多学校都已创办了培育中心和种子基金，以帮助年轻的创业者更好地创业。易图胡姆（eTohum）和格瑞西姆工厂（Girişim Fabrikasi）就是最典型的两个例子。投资，尤其是来自美国的投资开始涌入土耳其。

2011年，资深风险投资公司克莱纳·珀金斯（Kleiner Perkins）和另一家投资公司老虎环球基金（Tiger Global Management）[①]联合向特伦蒂欧网（Trendyol）投资2 600万美元。特伦蒂欧网是一个在线销售网站，土耳其版本的吉尔特集团（Gilt Group）[②]。同年，南非的纳斯帕斯集团（Naspers）[③]向另一家网上零售商玛卡福尼（Markafoni）投资，该公司也

---

① 美国知名风险投资公司。——译者注

② 吉尔特是美国的一个购物网站，向其会员提供商品、衣服、家居装饰、熟食、旅游与活动等。——译者注

③ 南非最大的传媒集团。——译者注

已经为中国的腾讯公司投资。不久，亚马逊、易贝网和英特尔投资公司（Intel Capital）分别向在线花卉和巧克力销售网站齐彩克塞佩蒂（Çiçeksepeti）、在线拍卖网站克隆吉帝吉迪约尔（Clone GittiGidiyor）和每日一购的同名网站格鲁佩尼亚（Gruponya）投资。2012 年，纽约的私募股权公司泛大西洋投资集团（General Atlantic）宣布向土耳其的在线食品订购平台我爱购物（Yemeksepeti）注资 4 400 万美元。英国的移动支付解决方案提供商万汇泰（Monitise）斥资 1 亿美元收购了土耳其的另一家新兴创业科技公司——移动电子商务技术供应商博慈通（Pozitron），这是土耳其迄今为止最大的一笔交易。

土耳其也创办了他们的风险投资基金。2000 年，土耳其的金融公司畅通投资集团（Access Turkey Capital Group）创建了伊拉贝斯风险投资公司（iLabs）。2007 年，在政府主导下，以 1.6 亿欧元的基金创建了伊斯坦布尔风险投资机构（IVCI）。2012 年，总部设在伊斯坦布尔市的风险投资公司 212 从土耳其人和外国人那里筹集了它的第一笔基金，总额 3 000 万美元，这笔资金主要用于投资刚起步的新创企业。2014 年，该公司开始了第二轮融资。

艾泰已发展成一个拥有数百万美元资本的企业，其绝大部分收入来自国际销售，比如与瑞士电信公司的交易。该公司还在美国申请了专利，并计划在国际股市上市，比如在纽约证券交易所（NYSE）上市。如果艾泰的计划得以实现，这将是艾泰最大的出路之一，其投资人都能从中获得回报。此外，这也会强化土耳其高速发展的新创企业的作用，巩固土耳其在创业以及创新领域中的地位。

这一点很重要。正如《纽约客》（*New Yorker*）经济和商业专栏作家詹姆斯·索罗维基（James Surowiecki）在《小额贷款错过了什么》一文中指出，快速成长的企业其规模将不断壮大，不仅能够为他人创造就业机会，还能带来可观的经济效益，从而明显降低了贫困地区的贫困率。这是国家最希望看到的。他还写道："任何成功的经济体里，大多数人都不是创业者，他们只是为其他某个人工作赚钱。"

在创建艾泰公司的同时，布莱特为土耳其人打开了思路。对一个普通的土耳其人来说，光是想想这些事，都觉得很难做到，更何况对创业者而言。事实证明，他在障碍重重的土耳其也做成了很多事，比如创办企业。他将不可能变成了可能，如攻克了困扰他的一大难题——技能型人才的匮乏。布莱特证明，这有口皆碑的绿灯（指由路由器发出的灯光），曾激发了杰伊·盖茨比（Jay Gatsby）和千千万万的人去努力追求美好的生活。它不仅仅可以在硅谷或美国闪烁，也可以在土耳其闪烁。

1954 年，罗杰·班尼斯特（Roger Bannister）先生是 4 分钟内跑完 1 609 米的第一人。艾泰公司与 1954 年的罗杰·班尼斯特先生一样给大家做出了榜样，如同信号灯一样指引着其他土耳其人。正如约旦创业者、中东快递物流公司（Aramex）的创始人法迪·甘杜尔（Fadi Ghandour）在 2010 年一次由白宫发起的创业者会议上说，罗杰先生打破了纪录，更重要的是突破了人们既有的认知和看法。此前没有人能在 4 分钟内跑完 1 609 米，也很少有人能想到这是可以做到的。罗杰先生硬生生开辟了一个新的可能性领域。在罗杰先生改写纪录的 46 天后，另一个人又打破了他的纪录。那一年年末，又有两个人打破了前面两位的纪录。今天，许多人都能在 4 分钟之内跑完 1 609 米。

现在的土耳其，有很多人正努力创业。然而，更重要的是很多人愿意回到土耳其，还有很多具有潜力的创业者愿意留在土耳其，直至获得成功。布莱特·塞勒比的意义不仅在于他创建了科技公司、发明了“物联网”、扩大了无线网格网技术的用途，还在于他通过文化、规则和价值观创建了供有才能、有干劲的人打拼的空间。哪里有人才和活力，哪里就有大批渴望尝试并冒险的人，创业生态系统就会在哪里生根、发芽。这一点将在第三章详细讲到。

这正是我周游世界，与布莱特一样的创业者见面会谈的发现与收获。他们正攻克各种障碍，确保只有美国才有的繁荣、改革和创新在土耳其也能够出现。或许创业者各个地方都有，但真正的创业精神，正如以创新为核心的“硅谷精神”，只会出现在那些有人愿意冲破阻碍的地方，这些地方愿意用团结、信任、价值和远见消除障碍。这是我在土耳其的所得所知。在尼日利亚塔约·奥维苏卓越的经历中也有同样的发现。塔约·奥维苏必须要克服比布莱特艰辛得多的困难。

From the Other
Side of the
World

第二章

移动支付：改善基础设施

如果机遇没有来敲门，

那就为自己打开一扇门。

——米尔顿·伯利

拉各斯

一天的工作接近尾声，台式苹果电脑播放着尼日利亚明星皮·斯格尔（P-Squared）的劲爆电子舞曲，塔约·奥维苏坐在椅子里摇晃着身子。电脑是办公室里唯一高端的设备。他的办公室在拉各斯一栋四层楼的顶层，楼房虽然破旧不堪，但粉刷艳丽。拉各斯是尼日利亚最大的城市，也是商业中心。

塔约的几名同事陆续下班了。外面正值车流高峰期，小汽车、摩托车争先恐后，就连破旧不堪、锈迹斑斑的临时交通工具——黄色面包车（dankos）也见缝插针。令人叫绝的是，小贩们还能头顶商品自由穿梭其间，沿街叫卖。

我也在收拾东西准备回宾馆，突然音乐停了下来，我抬起头打量着他。塔约是位36岁的时髦人士，留着胡须，戴着深色框架的眼镜，但不会给人懒散的印象。他整天都在满腔热情地给我讲他的创业故事。他开了一家数字支付公司，叫帕加科技。说话间，他盯着刚收到的一封电子邮件，表情看似很紧张。

上面写着："我们与全球通讯公司（GLO）[1]的链接失效了。"

尼日利亚又一块重要的基础设施岌岌可危。全球通讯公司是一家电信通讯公司，总部设在拉各斯，运营移动网络，也是帕加科技依赖的网络之一。不知什么原因，帕加科技和全球通讯公司的光纤连接中断了，恢复需要好几个小时。像往常一样，塔约迫不及待地启动了备份连接。为这个非洲西海岸地域广阔、人口拥挤却又日益重要的国家提供持续又合格的服务，是塔约最大的挑战之一。基础设施的落后阻碍着尼日利亚的发展，也让尼日利亚人无法认识到自己国家的潜力。

路况很差、桥梁破烂、管道系统不足、电力匮乏、卫生落后、公共交通瘫痪、港口荒废、航道不通、机场破旧，总之，薄弱的基础设施影响了人们的出行。即便作最乐观的估计，这也会影响行车速度，原本只要花几个小时的货运和客运，却要拖延数天或数周；作最坏的估计，落后的基础设施也阻碍了人们享有各种服务，如教育和卫生保健，还有塔约想到的尼日利亚的金融服务。尽管尼日利亚是非洲最大的经济体，拥有丰富的石油资源，但却无力扩展像银行一类的基本业务服务，这成为尼日利亚最大的困难之一。

---

① 总部位于尼日利亚拉各斯的一家跨国电信通讯公司，私营企业，创办于 2003 年 8 月 29 日。——译者注

比路况差、电力不足更糟糕的是，尼日利亚无力提供金融服务——支付和存储，这严重阻碍了本国的发展和商贸。这种情况不仅仅在尼日利亚存在，在整个非洲、亚洲、拉丁美洲以及中东地区也同样存在。

塔约启用备份链接后，成千上万的全球通讯公司用户才能使用帕加科技的服务，进而才能够解决基础设施落后带来的问题。塔约给尼日利亚提供一种设备，用来处理日常的金融交易。

虽然，尼日利亚是非洲最大的经济体和人口最多的国家，但其 1.7 亿人里的 80%，即 1.36 亿人无法享受银行服务，因为尼日利亚是世界上最活跃的以现金支付的国家之一，几乎所有的交易都以货币完成，没有几个商店和企业可以使用信用卡，老百姓也没有享用银行服务的渠道。酒店要求包括外国游客在内的每个住客预付，结果，即使有银行卡和信用卡的人也必须随身携带大量的现金。在街上行人拖着成袋的现金或者手里紧紧握着装有现金的塑料袋、纸袋是很稀松平常的景象。穷人就更是这样了，他们的钱不是存放在罐子里，就是放在床垫下，出门都得随身携带。尼日利亚的货币叫“奈拉”（Naira），最小的面额是 20 奈拉，相当于 10 美分多一点，然后是不等的面额，最高 1 000 奈拉，值 6 美元多。

有些人干脆绕过这种有安全隐患的货币流通模式，将财产以黄金形式或以股票等非现金形式储备。也有些人将钱存在临时社区储蓄组织，这是一个极不靠谱的组织。在尼日利亚，货币很不固定，容易贬值，所以时间久了也无法变为资产或拿来投资。

2009年，塔约推出帕加科技从此解决了这个问题。帕加科技是一种非常接近一站式购买的金融服务，类似“西联汇款”（Western Union）[①]、贝宝（PayPal）[②]，是合为一体的票据支付中心。其业务的特点就是可以实现个人对个人的资金转账，但相应会收取一定数额的手续费；还涵盖了别的一些服务，有账单支付、手机增值通话服务，以及基本储蓄存款账户等服务项目。这都成了它发展的主要组成部分。帕加还为零售商或者任何想要出售货品的人提供了一个类似贝宝的设备，以便在线或通过移动电话支付。“帕加”取自西班牙语 pagar，意为“支付”，塔约觉得这既容易记又顺口。在尼日利亚的零售店、连锁店以及一些越来越流行的电商网站上，塔约整合了帕加与一系列的支付系统终端（POS），即收银机。

塔约认为移动电话支付或网络支付的方案很有潜力，正如

① 全称西联国际汇款公司，是世界上领先的特快汇款公司，于1951年在纽约成立。——译者注

② 在中国大陆的品牌为贝宝，是美国 eBay 公司的全资子公司。——译者注

经济学家菲利普·奥斯瓦尔德（Philip Auerswald）[①] 所指出的，这一方案的潜力与19世纪后期美国的跨洲铁路一样强劲。跨洲铁路连接东海岸和西海岸之间的铁路，这不但加强了不同地区的联系，还能刺激经济的发展。

同样，将人和业务与设备连接起来进行支付，也有可能助推尼日利亚的发展。基础设施落后影响了发展，因此老百姓的生活水平也很落后，特别是金融基础设施的缺位阻碍了日常生活质量的提升，而移动钱包和移动支付系统则有可能解决尼日利亚的这一主要问题，推动尼日利亚的发展。

• • •

早在塔约偶然有这样的想法之前，非洲的很多国家，特别是肯尼亚已开始使用手机进行转账。2007年，肯尼亚电信巨头狩猎通信（Safaricom）用户可以通过手机接发短信的方式收支资金。这种“移动银行”（M-pesa）服务开始蓬勃发展。如今，近一半的肯尼亚人使用“移动银行”完成电汇或账单支付。该公司授权其他基础设施薄弱的国家可以使用他们的模板，包括阿富汗、印度、坦桑尼亚、罗马尼亚和南非。

移动银行服务还没有渗透到尼日利亚。在移动支付网络铺

① 菲利普·奥斯瓦尔德，全球创业研究网络（Global Entrepreneurship Research Network）的常务董事。——译者注

设方面，尼日利亚还落后于其他非洲国家。几年后，移动支付网络最终建成，但（政府）又禁止所有电信运营商单独运营移动支付。尼日利亚领导人要求移动支付运营商通过国家中央银行来操作，以便于监管。由于尼日利亚的中央银行无权监管电信公司，因此他们不能强迫电信公司遵守严格的金融汇报要求。众所周知的“419 网络诈骗案”① 以及类似的犯罪行为活动，都触犯了法律，这使尼日利亚严重受挫，并带来许多负面影响。像洗黑钱或庞氏骗局②，通过不受监管的电信运营等滥用移动支付的可能性非常大。因此，尼日利亚领导人对此非常重视，只允许银行和第三方供应商通过中央银行提供移动支付服务。

塔约抓住这个机会来填补银行过去没有填补、将来也不会填补的空白。尼日利亚的银行只为现有的顾客提供网络和移动银行服务，不敢冒险为商人和顾客之间的移动支付提供服务，

① 一种最常见的诈骗类型。诈骗者通常承诺给受害者一大笔钱，但需要受害者提前支付一小部分提取该款项的费用，如果受害者支付了该费用，诈骗者还会巧变名目让受害者缴纳更多的费用，或者诈骗者直接消失。此类诈骗通常利用传真、传统邮件，现在通常利用网络，如利用电子邮件实施诈骗。数字“419”是指尼日利亚的《刑法》第 419 条，它是专门处理诈骗案件的。——译者注

② 庞氏骗局是一种最古老和最常见的投资诈骗。该骗局骗人向虚设的企业投资，以投资者的钱作为快速盈利付给最初投资者以诱使更多人上当。——译者注

要不要银行账户，全凭顾客自己选择。银行用钱赚钱，因此他们在给没有银行账户的穷人办理业务时就很犹豫，因为穷人没有足够的钱给银行带来足够的交易量以抵销运营费用。塔约认为这种观点很肤浅。穷人之所以没有钱，是因为他们没有可利用的设备来存钱、花钱。他认为，移动支付可以解决这个问题，这一行业不仅在非洲，甚至在全世界都是一个潜力巨大的行业。

数字化技术已经彻底改变了全球经济。几乎每一家企业都有自己的网站。这促使由现金、信用卡和银行构成的传统金融体系亟须改变。手机和互联网用户希望有一种工具能够实现他们与数字生活的无缝连接，因此，1998 年硅谷发起的在线支付系统——贝宝就获得了成功。如今，金融科技——另一种金融机制成为硅谷最值得人们追求的技术。

几十家公司都推出了自己的数字支付平台，如亚马逊的亚马逊支付、苹果的苹果支付、谷歌的谷歌钱包以及万事达（MasterCard）的万事通（MasterPass）[①]，连社交媒体脸书都将跨足移动支付领域。

美国电话电报公司（AT&T）、德国电信公司（T-Mobile）

---

① 万事达，全称万事达卡国际组织（MasterCard International），是全球第二大信用卡国际组织。万事通是由万事达卡国际组织开发的供用户网上购买商品在线支付的平台。——译者注

和威瑞森通讯公司（Verizon）[①] 联手开发了一项技术，以便三个网络的用户使用同一部智能手机就能购物。同样，美国的各大零售商包括百思买集团（Best Buy）、便利店（CVS）、贝壳公司（Shell）、塔吉特（Target）、沃尔玛（Walmart）和 7-11 公司已合作创建了商家客户交易系统（MCX）——一种手机应用程序供顾客使用。速支付（Stripe）[②] 协助多家公司和服务商将手机和电子支付相结合，并将其应用在他们的业务模块中。比如，星巴克就有了自己的支付系统，再如出租车服务的手机应用程序优步（Uber）[③] 也是如此。

在这个创业领域，移动支付、手机钱包或其他数字钱包应用程序比比皆是。推特（Twitter）的创始人杰克·多尔西（Jack Dorsey）开发的史克威尔（Square）[④] 是最负盛名的一款。声波支付（Clinkle）、磁场支付（Loop）和社交支付（Venmo）是另外三款设法打入美国市场的移动支付平台。柠檬记账（Lemon

---

① 三家美国电信公司：美国电话电报公司（AT&T，American Telephone & Telegraph）、德国电信公司美国分公司（T-Mobile）和威瑞森通讯公司（Verizon）。——译者注

② 一家美国在线支付公司。——译者注

③ 优步（Uber），全球即时用车软件，现已覆盖全球 55 个国家，300 多个城市。——译者注

④ 美国一家移动支付公司。——译者注

Wallet），即现在的身份保护商（LifeLock）[①]，是一个完全集成的钱包，可以组合用户所有的信用卡。

其他的有多啦支付（Dwolla）、礼品卡（Gyft）、升级（LevelUp）、汇款通（Remitly）[②]、团帮付（Wrapp）[③]和移动商务平台（Znap）。总之，全世界有成千上万的这种支付平台。其中，支付宝是中国名气最大的金融支付平台，是中国网络巨头阿里巴巴旗下的产品。2013 年，支付宝拥有 1 亿多用户，完成了 27.8 亿笔交易，估价为 1 480 亿美元。

手机市场是巨大的。正如专门从事移动电话行业的风险投资公司安德森·霍洛维茨基金公司（Andreessen Horowitz）的合伙人本尼迪克特·埃文斯（Benedict Evans）所言："全球由最初 15 亿个人计算机用户已发展到现在约 30 亿智能手机用户。"就他们自己而言，除手机广告（2013 年市值 179.6 亿美元）、硬件销售（2013 年卖出 18 亿件）和应用程序下载（2013 年市值 260 亿美元），单单移动支付在全球就已经接近 2 500 亿美元了，拥有 2.452 亿用户。美国的一家信息技术搜索和咨

① 柠檬钱包（Lemon Wallet）是美国一家在线支付平台，2013 年被身份保护商（LifeLock）收购。——译者注

② 一种在线移动汇款服务。——译者注

③ 该系统帮助人们通过移动设备赠送、接收、兑换电子礼品卡，用户还可以找多个好友凑份子送礼。——译者注

询公司高德纳公司（Gartner）预估，到 2017 年全球移动支付市场将会增至 7 210 亿美元，超过 4.5 亿的用户将使用移动支付来购物、转移资金并支付账单，其中非洲的移动支付市值预计在 1 600 亿美元。

塔约·奥维苏在着手开展移动支付项目时，他发现自己还可以做得更多。此项技术为连接数百万尼日利亚人，尤其是无法享受银行服务的人奠定了基础，还为企业主和创业者提供了一种安全、省钱的移动资金工具。对尼日利亚人来说，移动支付比微型芯片的计算功能、苹果音乐播放器的音乐播放功能和脸书的社交功能作用更大，它改变了银行和金融业。

塔约认为，为金融体系奠定基础的时机到了，这样就可以在更大范围内为尼日利亚人提供服务，不论是穷人还是富人。他所打造的移动金融系统与众不同，其使用范围更广泛，能够遍布整个手机网络和互联网。他确信，这样的金融体系可以创建起来。

塔约清楚，为了达到目的，单靠技术是不够的。

首先，因为尼日利亚是一个以现金支付为主的国家，老百姓仍然需要一个实实在在的地方存取他们的现金，即银行或某种储蓄所。在遍布全国各地临街店面的基础上，塔约创建了一个“代理”网络。在尼日利亚全国各地所有店面的“收入”和

“支出”都是通过手机完成转账的。

其次，塔约必须得面对尼日利亚落后的基础设施。尽管很清楚技术可以“克服”这个障碍，还可以在经济上推动国家发展，但落后的基础设施还是会从中作梗，阻碍技术，这让诸如光纤以及链接电话和计算机的数字网络宽带的安装、布设和维护变得较为复杂，因此也提升了成本。世界各地的数据使用费用本来就很昂贵，不仅在尼日利亚，即便是美国也如此。美国网络基础设施的老化和疏于维修就是一个日益严重的问题。根据世界经济论坛发布的2012/2013年度“全球竞争力指数”可知，在基础设施质量上，美国排名第25位，比2002年降低20个名次。而芬兰、法国、中国香港、新加坡，甚至沙特阿拉伯和阿联酋的排名却更靠前。

毫无疑问，不论是在尼日利亚还是在美国，包括新创企业在内的企业都需要基础设施建设。基础设施的投资与经济增长直接相关。根据世界银行的报告可知，基础设施投资每增长10个百分点，就会带动国内生产总值1个百分点的增长。中国过去20年的增长，绝大部分依赖于中国政府在基础设施上的巨大投资。当然，中国是个特例。大多数非洲国家缺乏资金投资基础设施，美国却无心投资基础设施，而更愿意向私营企业提供资金支持或进行项目融资。不论在尼日利亚还是在美国，要想创业，就要投资数字移动领域和无线网络，还要投资这些网络的备份设备。这是 6 月份的一个下午，我在拉各斯的所见所闻。

• • •

2014 年，尼日利亚超过南非，成为非洲最大的经济体，其国民生产总值达到 5 100 亿美元，其中大约 14% 的国民生产总值归功于石油。尼日利亚是非洲第一、世界第四的石油生产国，出口额为 1 430 亿美元。

石油出口所得的利润并不能满足尼日利亚绝大多数民众的需求，60% 的尼日利亚人还生活在贫困线以下，这是吸引投资者和其他企业界来这个国家的一个原因；另一个原因是，尼日利亚有 1.7 亿人口，并且还在不断增长，有潜力成为一个有利可图的消费市场。许多南非的企业已在尼日利亚投资建厂，一些西方国家的食品和饮料企业品牌也已开始将注意力转向尼日利亚。整个拉各斯所有广告牌都虚位以待，供轩尼诗酒（Hennessy）、百威啤酒（Budweiser）或达美乐比萨（Domino's Pizaa）等消费品打广告。

塔约确信尼日利亚是非洲和世界的下一个传奇，2008 年他从美国返回，决定为祖国的发展贡献自己的力量。14 年前，他离开拉各斯成为加利福尼亚大学的一名大一新生，那时他从未曾想过这就是他将来要做的事。我和他在一个视野非常狭窄的阳台上吃早餐时，他跟我说，美国是一个歌颂和奖励勤劳者的地方，而尼日利亚不是。在阳台上，我们可以俯视到拉各斯高档住宅区的几排房屋。塔约穿着一件清爽的粉红色衬衫，袖口卷起，他已做好准备应对这一天的挑战。

努力工作是塔约生活的全部。他的单身母亲是军权政府里的一名官员，靠工资养大了他和三个同父异母的哥哥。如今，他们弟兄几个在尼日利亚的生活处于中上水平，不过距离尼日利亚的精英阶层，特别是那些掌权的将军们追求的富裕生活还差得很远。

1999 年之前，平民政府还未取代军权政府。因为尼日利亚的军队控制着政府并操纵着这个国家的经济命脉——石油，士兵的生活养尊处优。由于缺乏机会，塔约将跟大多数尼日利亚的年轻人一样，打算读完高中后去参军。他的祖父曾是尼日利亚海军的一名上将，但他不愿意过这样一种模式化的生活。经过一番思考，最终他选择了工程师这一职业。

尼日利亚的石油产业激励许多年轻人去学习工程学，好像只有掌握了设计和建造石油工业所需的建筑知识和操作机器的技能，才是改善经济的最佳出路。相对于当兵，这是在一个没有多少制造业和企业的军权国家里的唯一机会。1900—1960 年，尼日利亚曾是英国的殖民地，因而大批的年轻人去英国学习工科专业。然而，塔约却想去美国学习。塔约的几个朋友曾去美国旅游，回来后给他讲在美国辽阔的地域和快节奏而又富裕的生活。美国大学普遍提供奖学金和学费资助，这让塔约心动不已。虽然这是他的愿望，但他并不知道去国外上大学意味着什么。

塔约目标很高，他最开始尝试申请麻省理工学院，但是失败了。一位朋友建议他可以选择贝克斯菲尔德学院（Bakersfield College）碰碰运气，这是位于洛杉矶郊区没有名气的一所小学校，他的朋友就在这里。他对此一无所知，就稀里糊涂地申请了。贝克斯菲尔德学院为塔约提供了他希望选修的工程学课程，同时，基于对学生的经济需求和特殊承诺，也为他提供了丰厚的奖学金。有了这些，他来到了美国。

• • •

1994 年 7 月 4 日，塔约·奥维苏的航班降落在美国的娱乐之都拉斯维加斯，烟花在城市的上空绽放。塔约对他的新家不甚了解，认为这番景象是为他和其他新来洛杉矶的客人准备的。他沉浸在这种感觉中，为好莱坞欢呼。后来，在美国的 15 年中，即便是明白了当时放烟花是为了庆祝美国独立日，但塔约仍然激动不已。这是一个歌颂和回报勤劳者的地方。

很快，塔约就在贝克斯菲尔德市安顿下来。由于来自一个落后的国家，塔约对这里的“新鲜”东西兴奋不已，其中一个就是电话。他拿起话筒，瞬间就可以听到拨号音。他说，这在尼日利亚是从来没有过的。他说：“我觉得提起电话就能听到拨号音在尼日利亚是不可能的。我习惯提起电话，多次按下挂钩才能听到拨号音，然后才能拨号。而这在美国却很平常，我有点惊讶。”说的时候，塔约故意拉长了语调。

这种发音是塔约尼日利亚口音中不多的几个痕迹之一。其他方面，他能说一口地道的美式英语，语调标准。他的同胞说英语语音高低起伏，结结巴巴，而塔约却说得非常流利。

然而，他的口音只能从表面上说明他在美国生活过，更深层次的是他面对进步和发明时所流露出的那种美式期待和兴奋。他很享受自己能成为一个试用者能第一个尝试最新的小玩意。20 世纪 90 年代后期，使用手机成了主流，于是他就买了一台笨重的二代网络（2G）手机。那时，他已经从贝克斯菲尔德市搬到了南加州大学，在那里主修电子工程学。学习之余，他还做了几份兼职，因此这部手机对他就变得很重要。课后，塔约为学校当门卫。获得本科学位后，他把精力花在了洛杉矶的两个新创企业里，放弃了去硅谷的第三大咨询公司——德勤咨询公司工作的机会。“你永远想不到那家创业公司是什么，”停顿片刻，他面带微笑，摇头晃脑地告诉我说，“是谷歌。”

2003 年，塔约被斯坦福商学院录取，随后取得了工商管理硕士学位。毕业后，他为全球技术巨头思科公司的收购和风险投资团队服务，工作是搜罗可以投资或收购的创新企业。这份工作不仅激励了他，还让他有机会跟创办公司、热情奔放、精力充沛的人一起工作，而这些人也来咨询塔约如何整合技术、扩大企业规模等问题。他在风险投资领域找到了自己的归属。风险投资者就是开创这个世界的王者，塔约佩服投资者们提出的想法，更多时候，他佩服的是他们孕育成功想法的能力。这正是塔约想要做的事。

拉各斯的一位童年玩伴建议塔约可以尝试回家乡投资，他说："尼日利亚就如同 15 年前的中国和印度。"

20 世纪 90 年代初，中国和印度的小部分人开办了技术公司，后来都发展成了具有全球竞争力的企业集团，为自己国家的发展和转型奠定了基础。像来自印度的苏尼尔·巴帝·米塔尔（Sunil Bharti Mittal）[①] 等一些创业者已经开始涉足非洲的电信产业，这也正是塔约最终想要从事的行业。1992 年，米塔尔在印度拿到了移动电话网络经营许可证。那时候，印度的基础设施仍然落后，经常停电，道路上泥沙满天飞。他给公司起

① 巴帝电信公司董事长兼总经理。——译者注

名巴帝电信（Airtel），如今，它已经是尼日利亚的三大移动电话网络供应商之一。

千禧年伊始，中国跻身为美国之后的世界第二大经济体。中国向尼日利亚投资数十亿，帮助尼日利亚修建炼油厂、道路、桥梁和其他主要基础设施。中国的连锁酒店、商店和餐厅在拉各斯随处可见。

2006 年至 2007 年间，正好是全球金融危机之前，亡命国外的尼日利亚人乘坐飞机踏上归国之途。全世界的人都开始寻求投资的机会。尼日利亚似乎是一个很不错的投资之地。纵然那时候落后的基础设施阻碍着企业发展，在尼日利亚靠技术创业是不可能的，但大量的海归人员和日益增长的经济，都预示着机遇和美好前景即将到来。

后来，塔约在不丹和尼泊尔度过了一个假期，还攀登了珠穆朗玛峰。攀登珠穆朗玛峰遇到的各种挑战驱散了他曾对祖国的所有疑虑，塔约决心回到尼日利亚。他想，如果他的计划不能实现，他可能会永远离开这里。带着这份决心，2008 年 8 月，塔约离开了加利福尼亚。

• • •

回到尼日利亚后，塔约到一家私人股权公司就职，负责给公司出谋划策，决定应该给哪些公司投资。这为他调查尼日利亚的市场和企业提供了独一无二的机会，他所做的一切都是为了有一天能够开办自己的公司。他的最终目标是当一名风险投资人，他希望自己有资格说，他也熬过了创业初的艰难期。他说："自主创业的那些人通常是最优秀的投资者。"

然而，在私人股权公司的工作并不如塔约所期望的那般顺利，他与公司管理层发生了冲突。特别是沮丧工作一周后，也就是他回到拉各斯的三个月后，塔约发现自己无意中罗列的一个清单，上面写满了创业的点子。这份清单涵盖范围很大，从为尼日利亚精英服务的企业，到为穷人服务的企业。

在一本黑色笔记本里，他草草写下了第一个想法——"纸牌屋"（poker house）。另外四页纸上，塔约将所有想到的点子都记了下来，修厕所、管理停机坪、系统化工资表、农业生产、食材运送、成为尼日利亚的戴尔，以及引进接发技术[①]。

塔约说："只要你看一眼，就会发现许多女人头上不是她们自己的真头发。"她们要额外花钱购买从印度、马来西亚、秘鲁甚至俄罗斯进口的假发。塔约思忖着如何采购、进口，然后再配送产品，从而降低成本。

几个小时之后，他就罗列了 20 多个点子，在接下来的几

① 接发技术是由欧洲引进的发型技术，顾名思义，接发就是把头发接到自己的真头发上。——译者注

天，他逐个反复琢磨，其中有两个一下子引起了他的注意，它们分别是第十个“普惠性金融”[①]和第十一个“移动支付”。移动支付深得他心，周六晚上出去参加音乐舞会时，他都还想着这件事。在硅谷生活 14 年后，塔约发现随身携带现金，尤其是去夜店极为不便。

塔约住在莱基湖[②]区，这里是拉各斯省中上阶层的居住区。下一周的工作还没开始，他从安静的家里乘通勤车出来，穿过城市边上的灰色贫民区。贫民窟就在深色的水域边上，两者几乎融为一体。看到这些，他意识到普惠性金融同样也至关重要。随身携带现金极不方便，但大多数尼日利亚人又别无选择，只能如此。塔约在银行有账户，但大多数尼日利亚人却没有。

没有一个安全的地方可以存钱，也不能投资，从而影响了就业和收入的稳定，这就是导致尼日利亚贫困的根本原因之一。这激励着塔约开始研究普惠性金融和移动支付相关问题。他发现的问题越多，两者结合在一起的商业潜力就看得越清楚。况且，这不仅仅是创业的一个机会，因为塔约回国不仅仅是为了赚钱，而是为了干一番大事业。

---

① “普惠性金融”指向没有银行账户的人群提供能满足他们需要的金融产品，并让他们有能力有效使用这些产品。——译者注

② 位于尼日利亚拉各斯省和奥岗州的咸水湖。——译者注

金融服务的缺乏阻碍了尼日利亚的商业发展。尼日利亚没有几家砖厂和水泥零售商，也没有像沃尔玛一样规模的商场，甚至连规模小一点的也没有，只有苦苦硬撑着的制造业。跨国公司和外企也逐渐在尼日利亚开展业务。可口可乐在拉各斯有一个制造工厂，卖得火热的印度尼西亚速食面条多捞面（Indomie）也在拉各斯建了工厂。但是，在尼日利亚找不到一家麦当劳或星巴克的连锁店。因为物资运输和产品配发的成本很高，需要大量的前期资本。不过，还是有一些大的零售连锁店决定在这里投资。2014 年 4 月，一位达美乐比萨的代表告诉《华尔街日报》（*Wall Street Journal*），我们公司使用的纯净水是专门从定制水井中提取的，我们能够承担得起这个成本，因为我们“不差钱”。南非绍普莱特（Shoprite）连锁商店的一名代表指出，尼日利亚落后的基础设施曾导致船运延误期达 117 天。

落后的基础设施让尼日利亚的企业得过且过，不思进取。大的零售商或尼日利亚的主要品牌生意十分冷清，而小摊贩们却挤满了尼日利亚的路边和街角，他们叫卖着一切能卖的东西。拉各斯是一个由许多岛屿组成的城市，在这里生活的这段时间，我看到人们出售常见的报纸、点心、花生，还有袜子、内衣和插线板。我还曾看到一名男子买下了一个熨斗。

这些棘手的问题塔约想得越多，他就越清楚移动支付的作用和整个数字金融网络的实质力量，也越清楚如何为尼日利亚金融体系奠定强有力的基础。美国的贝宝和中国的支付宝已经做到的，尼日利亚的移动支付也可以做到：让成千上万的人成为个体经营者、微型企业主，甚至是企业家，然后让他们成为既得利益者，他们就会努力保护自己的所得，并想尽办法再赚更多。这样，他们就会恢复并壮大尼日利亚的经济。

塔约亲眼见证了1998年推出贝宝所产生的影响，人们的生活已离不开贝宝。塔约告诉我，“如果皮特·泰尔（Peter Thiel）[①]和其他联合创始人开创贝宝的时候，你将他们带到尼日利亚，那他们就会研发出今天的帕加支付。”尼日利亚缺乏金融机制，它需要通过某种东西帮助老百姓移动资金，同时还需要一些东西来激活市场，帮助零售商更好地做生意。塔约回顾自己罗列的清单，并将普惠性金融和移动支付圈了出来。“它俩应理所当然地结合在一起。”

• • •

手机曾经是奢侈的标志，特别对尼日利亚来说，现在却成了必需品。在尼日利亚偏远的农村地区，手机用户激增，常常打破往年纪录，整个非洲都是如此。在过去的10年里，整

① 贝宝的联合创始人之一。——译者注

个非洲的手机拥有量以欧洲大陆40倍的速度增长，大约8亿非洲人拥有手机，且每年都以4.2%的速度增长，发展空间巨大。非洲的手机市场比美国或欧盟的都大，整个非洲现在手机的持有量比美国和欧盟的总和还要多。有分析预测，至2016年，非洲将有10亿手机用户。一份由国际咨询公司麦肯锡（McKinsey）[①]发布的报告显示，从现在到2025年，整个非洲的联网智能手机数量将从现在的6 700万部增加到3.6亿部。

现在有了手机和智能手机，远距离和不可逾越的路途不再是难以克服的障碍。农民和渔夫可以在各式各样的市场洽谈交易，病人可以得到来自远方医生的医疗护理，劳动者可以将钱既快捷又安全地送到住在后山村子里的家人手里，人们遇到麻烦可以随时打电话求助。在各种情况下，手机都为每个人提供了一种可以超越环境限制的方式，去交易、去看病，尤为重要的是去寻求帮助。

手机信号可以确定用户的位置，这可以帮助饥荒、洪水、战争或其他危机造成的难民和灾民。同时，这也为非洲流浪汉的身份提供了一种身份凭证。

非洲大多数人都是黑户，因为他们在政府登记册上都是不

① 麦肯锡公司是全球最著名的管理咨询公司。——译者注

存在的。尼日利亚只有 40% 多的人有出生证明，而剩下的 1.02 亿人则没有。更多的人甚至没有任何形式的身份证明。没有证件，这些人就不能享受到福利、权利或保护，更糟糕的是，他们会受到各种虐待，比如诱骗和敲诈。他们在经济和社会上仍然处于边缘地带，是局外人，无法充分地享受日常生活。这是非洲落后的另一个原因。

手机第一次提供了一种统计方式，可以统计这些没有身份的人（主要是穷人）。开设账户的程序要求申请者进行确认，申请者不仅有资金可以使用，也可以证明他不是犯罪分子。移动支付为这些人提供了获得身份的方式。塔约认为，为他的祖国创造了向前发展的巨大机遇的远不止是手机或其他技术本身。最终，尼日利亚将有大量的人参与到各种经济活动中，参与的方式可以被估测，被追踪。尼日利亚人可以攒下足够的钱开个银行账户，创建自己的信用记录，这都为投资者提供了一个透视镜，以观察特定市场的健康状况。

发展机构的大人物、有影响力的经济学家和学者一致认为，手机已经推动了尼日利亚以及其他非洲国家的发展。世界银行、非洲开发银行、国际金融公司、国际电信联盟和其他一些经济学家，以及《贫困的终结》（*The End of Poverty*）的作者杰弗里·萨克斯（Jeffrey Sachs）① 都认为，手机“跃过”20世纪的通信线路，直接进入21世纪的革新时代，用更低的成本创造更大的回报。当然，基础设施的问题可能会再次出现，正如2013年的那天我去拜访塔约时，他正努力启动备份服务器以确保全球通讯公司线路正常运行。手机被证明确实具有革新功能，但是要在保持链接畅通的基础上。

尽管尼日利亚现在有1.1亿手机用户，但实际用户数量估计只有一半，是尼日利亚人口的1/3。这些用户中的大多数人至少有两部手机，甚至多达四部。这些手机多是为较差的服务质量而准备的。62.7%的手机是通过二代网络（2G）链接的，打电话掉线是常事。另外，尼日利亚的移动电话网络覆盖率不足，特别是城郊到农村地区。一些尼日利亚的农村地区，尤其是北方的农村地区根本就没有移动电话网络覆盖。

部分原因是因为基站收发台（BTS）的数量达不到最低要求。整个尼日利亚只有两万座基站收发台，而实际需求却是7万座。尼日利亚的电信运营商因为未从手机运营中获得满意的利润，所以克扣了修建发射塔的基本投资金额。2012年，尼日利亚每个用户平均每月消费9美元，与美国相比，真是低得可

① 杰弗里·萨克斯，全球著名发展问题专家，哥伦比亚大学经济学教授，哈佛大学国际研究中心主任，前联合国秘书长安南的高级顾问，“休克疗法”之父。——译者注

怜，美国每个用户平均每月消费 51 美元。

投资不到位导致了糟糕的服务。由于四大服务供应商没有达到服务质量的最低标准，2012 年 5 月尼日利亚通讯委员会（NCC）对其开出了总额高达 738 万美元的罚款。

通过几年的发展，帕加技术和其他几个电商网站的服务逐渐得到改善，达到了要求。受助于大量国际供应商风险投资的支持，他们已经开始投资建设基础设施，并与尼日利亚政府展开合作。如此一来，不仅创造了就业岗位，吸引了投资，还攻克了拖他们国家后腿的障碍——落后的基础设施。这就是帕加和其他几个技术创业公司越来越显得重要的原因。

帕加技术在基础设施开发上注入了大量的资金，将其预算的 30% 投入到光纤的安装、维护以及备用发电机的购买上。

塔约告诉我："你以为开发了技术，人们就会来使用？这种态度是不可能做成移动金融服务的。那不管用，我们提供了技术，还得将技术送到大家手里。"

包括很多美国公司在内的许多技术公司也赞成这一点。谷歌没有选择尼日利亚而在乌干达推出了一种无线网络，叫"项目链接"。脸书、美国国际商用机器公司（IBM）和微软也对非洲基础设施进行投资。非洲开发银行将带头向非洲基础设施进行投资，至 2040 年投资额将达到 3 600 亿美元。

西姆·沙迦亚（Sim Shagaya）是另外一个向尼日利亚投资改善基础设施的科技创业者。他毕业于哈佛商学院，曾任谷歌非洲地区的主管，也是一个名为孔加（Konga）的网络购物网站的创始人。这种商业依赖物流和货运能力，和美国19世纪后期水路运输和铁路运输巨头康内留斯·范德比尔特（Cornelius Vanderbilt）[①]所做的一样，自己花钱升级电话服务、安装光纤线路以及修路。西姆认为，这么做是值得的。

西姆告诉我："我们从20世纪时仅有一百多条固定线路电话发展到现在拥有成千上万的手机。我觉得，我们还会在电子商务领域看到同样的事发生。我们大家一起打造引擎和渠道，以推动国家商业的发展。"西姆认为，互联网为经营者和顾客提供了参与方式，是推动市场发展不可或缺的因素。

• • •

那天早上雨一直下着，我出门与帕加的几个当地代理人会面。塔约认为，把金融服务送上门非常重要，便从邻居和老家村子里筛选出一些男女去吸纳客户，并确保他们能够给客户提供优质服务。帕加的这些附加移动业务大部分都是通过短信或网络完成的。这些代理人所干的工作与临时的银行柜台出纳一

① 康内留斯·范德比尔特（1794年5月27日至1877年1月4日），美国运输业的商业巨头，主要涉及水路运输和铁路运输。——译者注

样——帮助客户转移资金，接收账单支付和存款。他们还帮助客户完善账户信息，就像是在存取款之地办理业务一样。

帕加依据若干标准来评估代理人。一是看他们如何有效、竭诚地为公司服务；二是看他们如何有效地记账。尽管帕加的每个用户都有责任完善自己的账户信息，但登记每项交易并告知客户还得由可靠的代理人来做。代理人必须是一名可靠的会计人员，他们必须要记下收支现金的明细。

此外，最重要的是，要根据联系社区和确认可靠客户的能力来评估代理人。对任何代理机构的一项基本要求，就是要了解客户，并知道他或她是如何使用一项特定服务的。代理人需要获取相关信息以了解潜在客户的需求。虽然这项工作不能完全消除洗黑钱、诈骗或恐怖分子融资等各种风险，但至少能够降低危险系数。

奥科马·奥比（Okeoma Obi）是一家商店的店主，他是我找到的第一位代理人。雨天，路面泥泞，路上坑坑洼洼的全是水，有些水坑太大，小轿车难以通过，于是拉各斯的交通就瘫痪了，我的工作因此被耽搁。不过，这也让我直观地感受到这个国家的生活，老百姓还得跟落后的基础设施没日没夜地作斗争。

几周前，帕加的一名员工给奥科马打电话，奥科马这才知道帕加和移动支付。目前，尼日利亚使用移动支付的人数还不到总人口的 15%。

这么多人对帕加和移动支付一无所知，帕加不得不采取 20 世纪 50 年代上门服务的做法，让营销员宣传公司的名字和移动支付的概念，同时招募代理人。营销员给奥科马介绍了这项服务，还告诉奥科马，他会收到一部安卓系统的智能手机，并能从经手的每项交易中赚取提成（帕加公司后来废除了这项服务）。帕加科技在每项交易上都能从中收取固定的费用，这些利益以及自己永远买不起的智能手机打动了奥科马，最终，奥科马同意签约为代理人。在写这本书时，尼日利亚 36 个州中，20 个州都有帕加公司的代理人，总计约 5 000 人，奥科马是其中的一位。

奥科马告诉我说："代理人要我做帕加科技的合作人，尽管提成不高，但我想成为这个经济新潮中的一分子。我听别人说，使用数字钱币就不用再随身携带现金了，我想感受一下这种变化。当老百姓越来越了解帕加科技时，我相信这样有助于我拓展生意。"

代理人网络是帕加最大的开销之一。预算中的 45% 都投入了销售和市场，包括建立和维护营销网络。这些花费加上预算花在基础设施投资上的 30%，帕加科技不得不倾尽全力去赚取利润。2012 年帕加完成 91.8 万次交易，价值 6 100 万美元；2013 年完成 460 万次交易，价值 3.1 亿美元，但每年都濒临破产。唯有帕加科技的用户达到一定规模，公司才能看到损益表变成黑色，收益才能扭亏为盈[①]。帕加的用户只有达到约200万，帕加才算真正度过了创业初期，塔约现在设定的目标是用户要达到2 500万，代理人3万。他相信，只有达到这个目标，帕加科技才算成功，他才能停下来休息一下。

要让用户和代理人达到这个数量，塔约认为要花1亿多美元才能实现。这样大的投资规模使塔约的许多竞争对手都知难而退。尼日利亚中央银行曾颁发了20多个运营移动支付的许可证，但市场上大概只有12个被使用。绝大多数银行都有许可证。许多银行在获得许可证之后，选择拓展业务，并能与承担因获取客户产生的财务负担的第三方商家合作，比如跟帕加科技。尼日利亚斯坦比克银行（Stanbic Bank）的官员阿金·奥耶博德（Akin Oyebode）认为："移动支付运营商必须以损失巨大的收益为动力来推动增长。"

许多研究，其中包括一份来自麦肯锡公司和一份来自安永会计师事务所（Ernst & Young）的研究证实了这一点。麦肯锡公司报告写道："研究表明，即使是成功的部署，也需要三到五年才能盈利。公司企业通常要承担比期望的资金规模还要高的

① 营业亏损的时候，损益表为红色；盈利的时候，损益表为黑色。——译者注

支出。大多数成功的移动支付发行有几百万美金的后备资金。”仅举一例，沃达丰（Vodafone）的狩猎通讯公司在“移动银行”的支出就有 3 000 万美元。

移动支付领域有巨大的潜力，美国的许多硅谷投资者争先恐后来协助帕加科技获得更好的发展。第一个支持帕加的是蒂姆·德雷珀（Tim Draper），他是硅谷德丰杰风险投资公司（Draper Fisher Jurvetson）[①] 的负责人。塔约通过斯坦福商学院的一位同学认识了德雷珀，并将自己的想法告诉了这位著名的风险投资家。2009 年，德雷珀作为天使投资人 [②] 用他自己的钱给帕加科技投资数十万美元。

2012 年，由尼日利亚人主管的创业种子资金阿德莱沃投资公司（Adlevo Capital）[③]，坐拥 5 000 万美元，先后为帕加科技投资 670 万美元。美国的三个慈善基金，睿智基金（Acumen Fund）[④]、摩羯投资集团（Capricorn Investment）和欧米迪亚网络（Omidyar Network）也进行了投资。这桩交易由阿德莱沃投资公司的创始人耶米·拉鲁德（Yemi Lalude）发起，在拉各斯一次会议上，他告

---

① 德丰杰，成立于 1985 年，全球著名的大型风险投资公司。——译者注

② 天使投资人是指富裕的个人为处于创业初期企业、甚至是创意期的创业者提供最初的资金支持，以帮助创业企业启动、迅速成长。——译者注

③ 阿德莱沃投资公司是总部设在毛里求斯的私募股权基金。——译者注

④ 睿智基金是一个非营利性投资基金，寻求解决世界各地的贫困问题。——译者注

诉我：“帕加科技是白手起家创办的一个新金融服务业。”

耶米是位工程师，身材修长高大，毕业于哈佛商学院。2007年，在硅谷一家专门针对中国的投资基金工作6年后，他开始关注自己的祖国尼日利亚。新世纪伊始，他亲眼见证了“中央王国”（指中国）的崛起，说：“很久以前，中国就非常迷人。”他还发现，尼日利亚也有潜力成为一个繁荣的市场。

耶米告诉我：“移民开始回国是市场兴起的风向标”。他还说，有经验和实践技能的移民归国回来，希望在国内做得更出色，这都为长期发展奠定了基础，这不仅有利于创办新公司，还改变了原来迫使大家移民的环境，消除了障碍。在过去的15年里，“人才引进”推动了中国和印度的发展。回国的中国人和印度人都办起了他们自己的企业。布莱特·塞勒彼回到土耳其创办了艾泰公司。人才引进，加上尼日利亚庞大的人口，正强有力地推动着国家的发展。

耶米告诉我，现在塔约在尼日利亚做的事就是搞建设。帕加科技是金融服务体系的基础，也是创建金融体系的一个渠道。他说：“金融服务各个层面的缺失，导致整个国家没有个人消费信贷，使得我们这些尼日利亚投资者无法辨别个人或某些公司的信誉度。”他认为，金融和金融工具是最有可能催生市场创业者和投资者的。正如给四方网（Foursquare）、推特和微博客（Tumblr）投资的资本家、广和投资公司（Union Square Ventures）的合伙人弗雷德·威尔逊（Fred Wilson）所言："如果没有信用，资本主义就不可能发挥作用。"

耶米还告诉我："帕加科技给没有银行账户的人提供了一种便捷的方式来享受金融服务，开展电子交易，从而摆脱了尼日利亚金融基础设施的局限。"

像许多基础设施落后的地方一样，尼日利亚缺乏信用、储蓄和贷款，总而言之，缺乏的是一个体系。在这个体系里，金钱不只是用来交易的东西，还是一种具有杠杆作用的资产。尼日利亚要倾尽全力构建这个体系。

帕加科技利用其技术，为金融体系做了非常重要的基本建设工作。耶米说："他们正在协助创建一种市场金融模式。"帕加是这样做的：为了给还未享受到普惠性金融服务的人铺平道路，为了更好地认识到尼日利亚的金融格局和其实际的财政状况，他们还将继续收集数据，并进行跟踪。在一个以现金支付为主的国家，市场交易量很难确定。真的，凡事都很难说清楚。

• • •

互联网在许多方面改变了我们的生活。它改变了我们交流、阅读、获取新闻、购买音乐、听音乐、看电视、购物和学习等的方式，但它没有成功地改变我们支付和资金转移的方式。

《纽约时报》（*New York Times*）负责数字技术领域和创业板块的记者詹娜·沃斯姆（Jenna Wortham）说过：“真正的手机钱包是能让你轻松支付餐饮账单，购买地铁票或轻松摇一摇手机就能在酒吧付账，但目前这依然是个难题。”她认为，其中的一个原因是银行和信用卡之类的一些交易功能还在发挥作用，且效果还不错，即使他们还没有建立起一套让支付方式变得快捷起来的数字技术，使其达到网络内容的传播速度。

塔约·奥维苏的帕加科技和其他几个移动支付平台竞相提出数字化解决方案。目前帕加科技占绝对的优势。帕加科技自创建以来迅速成长，还想方设法持续吸引投资。除了蒂姆·德雷珀、阿德莱沃投资公司、睿智基金、摩羯投资集团和欧米迪亚网络外，2014 年 4 月，曾缔造了“金砖四国”[①] 的高盛投行集团（Goldman Sachs）的前经济师吉姆·奥尼尔（Jim O’Neill）为帕加科技注入了一笔资金，数额未曾公开。

帕加科技也积极付诸行动，进一步完善公司的管理制度。这很大程度上受益于塔约·奥维苏在斯坦福商学院读工商管理专业时学到的组织架构和运营知识。和土耳其的布莱特·塞勒彼一样，塔约也认为人才是帕加科技成功的关键所在。因此，

① 金砖四国（BRIC）指巴西、俄罗斯、印度和中国。——译者注

他用极具吸引力的薪酬吸纳了一批顶尖人才，其中有些来自于尼日利亚的大公司，有些来自国外。也许更重要的是，是塔约的个人魅力吸引了这么多人才。许多帕加科技的员工告诉我，他们之所以对这个公司心怀感激，原因之一便是塔约能听取他们的意见和建议。塔约每周都要组织团队高层开会，并经常组织团队进修，以便让每个人了解公司的现状和未来的走向。我问塔约“开门办公”会让你经常琐事缠身，你是如何利用此项政策与团队成员共同完成工作的。塔约告诉我：“他们是我的品牌，他们是帕加科技的形象大使。我给了他们时间，他们给了帕加一切。细细想来我都是受益者。”过了一会，他又补充道：“这也关乎信任。”

对任何地方的任何新创公司来说，信任都极为重要。像尼日利亚这种地方，人与人之间充满了各种阻碍，获取信任是非常困难的。障碍阻碍了信仰和信心。人才是塔约打造诚信品牌的一个渠道，客户服务是另一个渠道。帕加科技开通了一个 24 小时求助热线，塔约自己也会快速回复任何通过电子邮件或社交平台推特提交的意见和投诉。

帕加科技的业务开发方法是其成功的第三个因素。塔约曾精挑细选他的公司合作伙伴。一批规模较大的零售商成为他的目标，如南非的麦什马特（Massmart），还有一系列类似沃尔格林（Walgreens）[①] 的连锁药店、连锁快餐店和西联国际汇款公司。帕加科技相信他们的产品——支付平台、转账和储蓄账户可以帮助这些零售商吸引顾客。2013 年，塔约推出了可以存钱的“帕加储蓄”服务。虽然每月都有维护费，但用户提款是免费的。不同于银行的传统储蓄账户，帕加储蓄不需要支付利息，如同借记卡一样。零售商们非常喜欢帕加储蓄，因为它增加了店铺的客流量。

塔约的合伙人杰伊·阿拉布拉巴（Jay Alabraba）告诉我：“依我看，对这些公司而言，帕加的品牌就意味着希望，因为它连接了市场上的大多数人。确切地说，这个产品可以吸引更多顾客光顾。”

杰伊身材高大，仪表堂堂，身高超过 1.8 米。有一天我遇到了杰伊，他正大步迈进塔约的办公室。马尔科姆·格拉德威尔（Malcolm Gladwell）称他为“销售员”，在著作《引爆趋势》（*The Tipping Point*）中将杰伊描述为具有超凡魅力的灵魂人物，因为在杰伊的帮助下，一个点子、一种趋势或一种社会行为都可以被“引爆”，成为主流。或许是因为他那虎背熊腰的身形，抑或是他那热情洋溢的捧腹大笑，杰伊为帕加科技所做的

① 沃尔格林，美国最大的连锁药店。——译者注

事就是引领主流。他是公司的营销员，为零售商推销帕加的各种服务，是与塔约互补的合作伙伴。若杰伊是哈克贝利·费恩（Huckleberry Finn），塔约则是汤姆·索亚（Tom Sawyer）[①]，塔约擅长反思和分析，而杰伊重在行动，就像个进攻力颇强的前锋，懂得如何封锁和拦截，这便是帮助帕加科技赢取魅力和市场份额的战略技巧。

杰伊告诉我："麦什马特和万有店（shoprights）将变为未来银行的大厅，金融与零售业的联系也将变得越来越紧密。"他发现，由于国家的基础设施落后，两地相距甚远，所以尼日利亚人更愿在一个固定的地方贸易、购物、付账和存取款。要想解决问题，关键是要让人们能聚集在一起——各行各业必须联合起来以扩大发展规模。这便是杰伊要做的事。

说到底，帕加科技崛起的最大因素是尼日利亚市场的潜力。过去 10 年，尼日利亚的经济每年以 5%~7% 的速度增长。有趣的是，大部分增长由服务业贡献，而不是石油。服务业占尼日利亚国内生产总值（GDP）的 50%，农业占 23%，石油只占 14%。

塔约说："我常说，非洲的消费机遇在尼日利亚。"《经济学家》曾报道："尼日利亚前景美好，这让其成了许多日用品公

① 马克·吐温的儿童文学作品《汤姆·索亚历险记》中的两个人物，汤姆·索亚是小说的主人公，与哈克贝利·费恩关系要好，两人是知心朋友。——译者注

司非洲战略的试验台。这不仅因为尼日利亚的规模，还因为它的文化传播——非洲音乐和电影。”尼日利亚的电影工业诺莱坞（Nollywood）[①]生产的电影数量仅次于印度，位居第二。美国位居第三，当然美国的收益是全世界第一。

尽管面临棘手的基础设施问题，但一些重要的制造商还是扩大了其在尼日利亚的规模。世界最大的日用消费品生产商宝洁公司（Procter & Gamble）刚刚在尼日利亚建成了第二个工厂。南非米勒啤酒公司（SABMiller）也已经在尼日尔三角洲[②]建立了啤酒酿造厂。此外，非洲首富尼日利亚人阿里科·丹格特（Aliko Dangote）计划斥资 4 850 万美元修建非洲最大的食品加工厂。

新兴企业纷纷出现。总部在柏林的育才基地火箭网（Rocket Internet）[③]出资模仿美国的技术网站，于 2013 年推出了电商网站“聚买网”（Jumia）。这激发了其他尼日利亚人冒险投资新创企业的热情。我发现，在拉各斯的创业基地“协同创造中心”（Co-Creation Hub），很多人都在摩拳擦掌，跃跃欲试。

科布尔科技（Tech Cabal）创建了“尼日利亚科技博客”

① 诺莱坞是一个专门发布非洲电影预告片的信息站点。——译者注

② 地名，位于非洲最大产油国尼日利亚南端。——译者注

③ 火箭网，一家模仿欧美商业模式的网站。——译者注

（Nigeria's TechCrunch）新闻网站，其合作创始人、数字媒体创业者塞伊·泰勒（Seyi Taylor）指出，有些新兴企业“正在想办法提高生产效率，大批新兴企业正努力朝着现代化目标迈进”。他说，难就难在不知道能坚持多久。或许尼日利亚的国内生产总值在非洲位居第一，但“在国内外还有很多发展空间”，因此，问题不在于谁能创新、改革，而是谁能扩大目前已有的规模。资本和基础设施一样，作用重大。他说：“如果我们能够筹集到资金，并让它流通，那我们就解决了大多数问题。”

正如塔约提出的，移动支付的规模与使用它的能力有关。无线网络和宽带是移动支付能够成功的必要条件。因此，投资基础设施，不论在尼日利亚，还是在纽约或内布拉斯加州（Nebraska），都是必要的。如同航运港口、铁路和州际高速公路系统对美国经济带来的促进作用一样，能持续不断连接到数字网络，同样可促进经济发展。我们第一章所提到的网格网技术（Mesh technology），不是类似路由器的中央处理器，而是一种通过有线设备来收发数据的技术，这是公共部门和私营部门行政人员应该考虑的问题。

促使移动支付成功的另一个因素是其大量的用户。与肯尼亚以及其他地方一样，尼日利亚的绝大多数人没有银行账户，他们没有地方可以存钱，而代理人网络是获取用户的关键。这个商业模式跟在线拍卖网站易贝网相似，代理人从中只得到一小部分收益。信用卡公司每笔交易都要收费，移动支付则不一样。一旦让人们尝到移动支付的甜头后，移动支付将获得迅速的发展。

相处的最后一天，塔约告诉我："我觉得我们不可能解决所有的问题。"我们参加了在拉各斯举办的支付论坛和研讨会——银行卡、自动取款机和手机博览会。我们转遍了偌大的展览厅，有通信公司、银行、手机制造商和其他一些展位，它们在推销各自的产品和移动支付平台服务。他停顿了一下，"不过我觉得我们帮助老百姓改善了生活。"过了片刻，他又补充道："是的，我们帮助尼日利亚取得了进步，让尼日利亚（与世界发展）同步了。"我不清楚他想表达什么，于是我问他"同步"是何意。

除了落后的基础设施之外，尼日利亚人面临着一连串的麻烦：人才缺乏、管治不力和战争。尼日利亚北部地区的"博科哈拉姆"组织（Boko Haram）[①] 于 2014 年绑架了 200 名女学生。遇到这种情况，像帕加科技一类的企业就需要再次向投资者、合伙人和顾客确认他们的投资和储蓄都很安全。帕加科技召集

① "博科哈拉姆"是尼日利亚的一个极端武装组织，2002 年创建于尼日利亚东北部博尔诺州。——译者注

所有平台的相关人员，不论客户是否拥有银行账户，不论客户来自农村还是城市，都要让他们确信他们的资产很安全。资金转移、账单支付和存款的承诺，与大批有着同样诉求和目的的人“同步”。落后的基础设施逼着尼日利亚人去自谋生计。转移资金、持续不断连接移动网络和宽带的能力团结了相当数量的尼日利亚利益既得者，还协助创建了一个社区。以前，尼日利亚是无论如何都难以做到这些的。

在另一个受落后基础设施困扰和战争折磨的国度——巴基斯坦，莫里斯·拉赫曼也正在努力创建社区空间。

From the Other
Side of the
World

第三章

巴基斯坦未来的乔布斯：应对危机、促成合作

告诉全世界

旨在协作

正如优秀的音乐家

还埋没在未知的乐团里

——本·奥克利(《伦敦掠影》2002)

拉合尔和卡拉奇

3 月的早晨，薄雾笼罩着巴基斯坦第二大城市拉合尔。莫里斯·拉赫曼经营着一家名叫纳西卜（Naseeb Networks）的网络技术公司。由于巴基斯坦的网络使用率急速上升，他每天不得不很早就开始工作。他苦心经营起来的企业可以应对任何难以预料的问题，甚至是恐怖袭击。已经 9 点半了，以往此时，他早已坐到办公桌前，开始管理他的两个网站，一个是婚姻介绍的门户网，另一个是专供求职的搜索引擎。难得今天他答应孩子们的请求，陪他们一起吃早餐。莫里斯一直拼命地联系他的员工，只要能联系到，无论是谁都可以。孩子们问他，出什么事了吗？

2009 年 3 月 3 日早上，莫里斯的员工们在去办公室（位于市中心自由广场之外的一个街区）的路上。还不到 9 点，一群手里拿着枪、手榴弹和火箭弹的年轻人，从广场四处冲出袭击两辆车。车里坐着斯里兰卡板球队队员，他们正准备到体育馆参加球赛。12 名恐怖分子猛烈袭击了大约半小时，斯里兰卡板球队员趴到公车地板上躲避袭击。由五颜六色的花朵装扮、田园般的自由广场瞬间变成了战场，爆炸声、枪声此起彼伏。很快，警察封闭了整个广场。莫里斯的员工们面面相觑，猜测着到底发生了什么事。

听到消息，一贯冷静温和的莫里斯难抑怒火。他 39 岁，是一名电脑工程师。所幸，公司的 100 多位员工没有受伤，两个网站也还在继续运行。公司在美国有备份服务器，还有预先准备好可以远距离遥控操作的应急方案。但令他心烦的是，这次突发事件会给他带来不可避免的负面影响。在过去的几年里，巴基斯坦就是个是非之地，自由广场的袭击事件更是让它恶名有加。

秋日的一个下午，我跟莫里斯在他双层办公室见面。他对支持他的美国投资者再三强调："这不代表发生在巴基斯坦的一切，巴基斯坦发生的不全都是恐怖和暴力。"他告诉我，巴基斯坦发生的暴力和恐怖事件最多占 5%，可偏偏这 5% 成为大家对这个国家 95% 的认识。

很遗憾，这 5% 足以给巴基斯坦冠以"失败国家"之名。像莫里斯一样的创业者在这种经常发生暴力犯罪的地方，必会望而生畏，他们不知道如何在这种地方开展生意。像巴西、墨西哥、尼日利亚、南非等国，以及美国的底特律、密歇根和新泽西的卡姆登等城市也是如此。

接受与否，取决于名声。在社交媒体形成的无憩的全新闻时代，这一说法更贴切。各大网站、博客、脸书以及推特上，一次失误、一个负面的评价抑或是一顿批评，都会以惊人的速度散播开来，然后是无休止地循环传播，这可以摧毁任何地方、任何人的善意或善行。人们看到和听到的负面东西已经够多了，致使他们不再相信自己的所见所闻。负面的新闻事件破坏了人与人之间的信任，并种下怀疑的种子，这就是巴基斯坦给人们留下的印象。

正午的阳光穿过百叶窗，照进玻璃嵌板做成的会议室。莫里斯身穿一件深色的库尔塔[①]，深陷的眼睛眯成一条缝，与扮演日瓦戈医生（Dr. Zhivago）的埃及男演员奥马尔·沙里夫（Omar Sharif）有几分神似。他告诉我："我们巴基斯坦人对全世界都极其缺乏信任，我们面临着来自全球的认知挑战。"发电机嗡嗡作响，他不得不挺直矮胖的身躯大声说："许多投资者和生意伙伴都不愿意和这个地方有任何瓜葛。"

在过去的 10 年中，莫里斯利用互联网让投资者、商业伙伴以及其他人，尤其是让同胞们看到了一个没有炸弹和恐惧的巴基斯坦。贾里德·科恩（Jared Cohen）和埃里克·施密特（Eric Schmidt）在《新数字时代》（*The New Digital Age*）[②] 中写道：

---

① 英文名 kurta，有时女性穿戴的叫 kurti，是一种宽松的无领长袖服，下摆到膝盖上下位置，常见于印度、巴基斯坦和阿富汗。——译者注，下同。

② 与谷歌执行总裁埃里克·施密特合著，曾是《纽约时报》的最佳畅销书，探讨了未来将新增加的 50 亿网民与可能的恐怖主义、战争、身份盗用、冲突和变化的国际关系所形成的地缘政治。——译者注

"互联网已变成人们释放能量和表达思想的突破口，它无处不在，又永无休止地变着花样。"莫里斯打赌，民众释放能量和表达诉求的需求能形成一个网络，也就是一个可以将人们聚集在一起的社区或场所，这有助于重塑巴基斯坦的形象。他发展起来的这两个网站，纳西卜网（Naseeb.com）和洛溪网（Rozee.pk）便是他希望的起始点。

纳西卜网就是默契网（Match.com）[①]的迪士尼版本。这里的绝大多数人认为男女婚前不应有亲密接触，禁止男女聚会，更别说男女约会了。为此，2012 年巴基斯坦主流电视频道萨马电视台[②]曾做过一档真人秀节目，（主持人）随机采访街上或公园的成对男女以了解他们的关系，其目的就是为了曝光他们的"不道德行为"。因为当地对单身和爱情这样的话题高度敏感，纳西卜网就成了他们交流与合作的平台。人们通过它牵线搭桥、"交友"甚至"恋爱"，但网站又不公开宣扬爱情和婚姻，更不存在诱惑。纳西卜网是一个虚拟平台，避开了敏感话题，深受巴基斯坦年轻人的喜爱。由于网站非常受欢迎，莫里斯又顺势创建了一个求职网站，旨在帮助纳西卜网招到更好的人才。

洛溪网在求职网站上举办虚拟招聘会，其求职功能如同英

① 由加里·克莱曼 1995 年创办的全球最大的在线婚恋网站。——译者注

② 巴基斯坦主流新闻和娱乐网络，用符合伦理且负责任的方式公正报道。——译者注

才网（Monster.com），在上面可以发布空缺职位。虚拟招聘会的功能给巴基斯坦的公司招贤纳士提供了方便。巴基斯坦的私营企业发展稳健，本田（Honda）、微软、雀巢（Nestle）、飞利浦（Philips）、宝洁（Proctor & Gamble）、西门子（Siemens）、丰田（Toyota）和联合利华（Unilever）[①] 等几家主要跨国集团在巴基斯坦也有业务，中小型企业越来越多，6 万多人通过洛溪网找到工作。网站已接收了 2 630 万份申请，每天至少发布 110 个新岗位。

纳西卜网和洛溪网的价值在于，让巴基斯坦人有了交流的机会。巴基斯坦存在两个问题，一是很少有供老百姓聚集、合作并创造的公共场合，人们能聚集的几个场合无非就是清真寺、军营和板球场，而所有的这些场所又有性别区分。

二是由于地理、民族和部落的不同，巴基斯坦被分割成 4 个部分，分别是旁遮普人（Punjab）、信德人（Sindh）、俾路支人（Baluch）和普什图人（Pushtun）。和平时期，他们占山割据，独居偏乡僻壤，再加上落后的基础设施，致使他们互不往来，变得更加孤立。有权势的地主或者企业领袖掌控着这些部落，各自为政，争名夺利。个人想做点生意都很难，更别说创业者要创业并扩大规模了。实际上，他们就是抑制竞争的垄断者。

① 英国联合利华公司是英国最为著名的全球性化妆品公司。——译者注

纳西卜网和洛溪网力图创建一个虚拟社区空间。莫里斯相信这种空间会扩大，并急切地希望通过这个空间来改变国内外对巴基斯坦的看法。

我们将太多的希望寄托于技术，以改善生活，解决问题。数字技术的活跃分子、学者耶夫根尼·莫洛佐夫（Evgeny Morozov）将这种现象批判为“解答论”（solutionism）。在其著作《拯救一切，点击这里》（*To Save Everything*，*Click Here*）中，他写道：

> 当下，几乎每个故事都必定有个“网络”视角的演绎。我们作为互联网的信徒，其职责就是将小轶事编撰成互联网大步前进的神话传说，正如网络辉格党史学理论（Whig theory of history）的一个小章节写道：“互联网”：一个不费吹灰之力就能填满你脑子、口袋、保险箱的想法，甚至可以填平最令人侧目的叙事鸿沟。

许多技术领域的人（所谓的电脑行家）都开始使用互联网和社交媒体来解释各式各样的叙事差异，以及世界各地社会自觉和社会行动方面的假定提升。电脑行家们认为，2011 年的“阿拉伯之春”[①] 是通过脸书和推特发起的，好几个阿拉伯国家

① 是西方媒体所称的阿拉伯世界的一次革命浪潮。——译者注

成千上万的民众反抗他们的专制领导人。他们认为，这两家网站还点燃了华尔街上的抗议活动。

尽管莫里斯比大多数巴基斯坦人都要乐观，但也不是信心满满。他告诉我，他相信互联网能够推动巴基斯坦以及任何地方的发展，但单靠互联网是不能改变巴基斯坦的。他说："我所知道的是，人们通过互联网搜索、交流信息，并对所发生的事有充分的了解。"这正是他眼中互联网的价值，互联网只是一个工具，却又能改变基础设施落后、缺乏竞争和管治软弱的国家。剩下的就交给这个国家的人民和政府，看他们如何团结一致搞创造，如何推动巴基斯坦的发展了。

• • •

巴基斯坦是一个功能不健全的国家，体制非常脆弱。自从1947年巴基斯坦独立以来，还没有一届政府能够治理好这个国家。

除非洲之外，巴基斯坦是税收收入最低的国家之一。巴基斯坦的高层政治人物之一，现任总理纳瓦兹·谢里夫（Nawaz Sharif）曾坦言，截至2007年，三年多来他未曾上缴过一分个人所得税。这与尼日利亚很像，没有税收，就没有基础服务，也没有干净的用水和电力保障，更没有公共交通和基本的排污管道，以及治安监控。这不仅导致了持续的贫困、文盲和疾病传播，还削弱了应对自然灾害的反应能力。比如2010年发生的严重季风雨灾害，造成了两千多人死亡，几百万人无处安置，其中很大一部分损失是准备不足和毫无章法的救灾工作造成的。

莫里斯·拉赫曼回到巴基斯坦后，恐怖主义呈上升趋势，他不希望这样。他清楚，祖国一直在努力发展，但也遭受了各种动乱。不过，巴基斯坦本身并不是动乱的源头，也并非一个没有安全保障的暴力国度。

实际上，在莫里斯童年时期，巴基斯坦有过几十年的繁荣。巴基斯坦的纺织工业在20世纪60年代和70年代不断发展，具有全球竞争力，巴基斯坦也因此成为其他正在奋斗的国家的楷模，如印度。

莫里斯的父亲从联合国退休后，他们于2000年搬回到了巴基斯坦，并住在拉合尔。回国后，莫里斯发现，记忆中的巴基斯坦还是老样子。

莫里斯的父亲曾是一名城市规划师，在联合国工作。因此，莫里斯从小就生活在纽约、利雅得（Riyadh）和维也纳（Vienna）等地。不过，尽管莫里斯有如此多的跨国经历，但他对外交丝毫不感兴趣。他喜欢捯饬东西。9岁的时候，他拆散了母亲的榨汁机，用发动机连接一堆乐高积木和麦卡诺组合玩具制作了一辆遥控汽车。这件巧妙的发明，为他走上技术领域、成为发明家奠定了基础。从那时起，莫里斯就把时间消磨在了捯饬小玩意上。他上的高中是拉合尔的一所国际学校，在学校里他钻研晶体三极管。在一次科学展览会上，他用石膏制成了自己的收音机。毕业后，他的兴趣转向了计算机和新兴的计算机技术领域。

莫里斯曾在美国麦迪逊的威斯康星大学学习，学过微处理器、存储芯片和电子学。他发现，其中大多数东西都是由英特尔公司的科学家发明的。他告诉我："我的梦想是去英特尔公司，跟我在课本里面读到的传奇人物一起工作。"1996 年，他从斯坦福大学毕业，取得了计算机工程学专业的毕业证书，并在英特尔公司的微处理器团队谋到了一份工作，主要在开发具有革命意义的安腾 64 位微处理器的团队工作。他们开发的这种处理器就像电脑的神经系统，它们能够按指定路线发送信息，还能同时处理多个任务。

在莫里斯的领导下，他们开发了 3 项专利，他也因此被英特尔公司聘为发明专家。这 3 项专利都与分支预测器有关，是一种可以引导信息的数字电路，也即微芯片的传递渠道。当然，这些专利在硅谷并没什么特别之处，几乎硅谷的每个人都能在工作中取得一些突破。尤其是在 20 世纪 90 年代末，当互联网逐渐普及，就更不足为奇了。迈克尔·刘易斯（Michael Lewis）在其著作《新新事物》（*The New New Thing*）中将其描述为"儿童的化学实验”，因为这是一个网络爆发的年代，年轻人都忙着创建网站或开发软件，投资者也将几十亿美元倾注于所有未经检验的项目。为了赶潮流，莫里斯辞掉了在英特尔公司曾经梦寐以求的工作，于1999年创办了他自己的芯片设计和研发公司，不过一年后他就出售转让了。尽管遭遇“创业难”，他还是继续办起了第二个创业公司——电子托管网（eDayCare.com），一个给父母亲反馈托儿所中心现场情况的平台，这样父母亲就可以随时监视自己的孩子。电子托儿所引来了250万美元的投资，其中包括早期给谷歌和贝宝投过资的硅谷杰出天使投资人罗恩·康威（Ron Conway）的投资资金。尽管有了这笔投资，莫里斯还是面临财务危机，被迫卖掉了公司。

两次经历让莫里斯明白了管理的意义。单靠创新是不能使新创公司有所突破的。在第一章中我们谈到的布莱特·塞勒比，他们制订计划，让相关人员能够按计划来做事。莫里斯的经历，让他顿悟了互联网是怎么回事。20世纪90年代末，当万维网刚走入大家的视线时，人们并不清楚它的潜力，也不知道它未来的发展如何，有人说，它持续不了多久。不过，莫里斯开始明白互联网是如何吸引人们使用它，如何影响人的信仰和行为，最终影响公众的态度和观点并创造社区平台的。

2000年，网络泡沫经济促使莫里斯跟随父亲回到了巴基斯坦。美国股票市场暴跌，企业以及投资者的损失都很惨重。硅谷的几千家新创公司被彻底摧毁。莫里斯发现巴基斯坦还有机会，他认为“所有的曲线都是上升的”。

另外，2000 年，巴基斯坦军方领导人佩尔韦兹·穆沙拉夫（Pervez Musharraf）在一次军方支持的政变中掌控了政府，然后采取了一系列的经济改革措施，给人们带来了美好的希望。改革措施增加了外国对巴基斯坦的直接投资，并激励了创业精神。从那以后，巴基斯坦的经济每年平均以 7% 的速度增长。接近巴基斯坦总人口的 40%，约 7 000 万人跻身到了中产阶层。

中产阶级开始尝试接触互联网。千禧年之初，巴基斯坦人对博客和聊天室的兴趣急剧上升。互联网是一个强大无比的社团联盟，有无尽的资源。莫里斯抓住这个成熟的时机，成为第一个成功创办公司的先行者。虽然巴基斯坦表面上突破了种种困难，在蓬勃发展，但其网络市场还不明朗。在邻国印度以及其他一些大家常说的发展中国家也出现了同样的情况，如巴西、中国和土耳其。经过几次外出调研，莫里斯发现巴基斯坦的名声有所改善。2003 年，他回到祖国，创办了国内第一家互联网公司。

在硅谷的经历让莫里斯明白了营业收入的重要性。只靠一件创新产品是不够的。网络经济危机解除后，很明显，即便在最糟糕的时候，总有那么一些网络商业模式是可以赚钱的，求职搜索引擎就是其中一个，婚恋网是另一个。这两者都靠广告盈利，但这种收入来源并不可靠。尽管莫里斯最终做的是求职搜索引擎，但他还是先将注意力集中在了婚恋网上。因为那时候他还是一名单身的男青年，想找一家可以找对象的网站。2000 年年初，社交网络刚刚起步。大家对第一代社交网络，如六度空间（Six Degrees）、交友网（Friendster）、聚友网（MySpace）[①] 的热情，说明了他们对网络交流的渴望。

开发一个供巴基斯坦人彼此交流的平台非常简单，不需要多么复杂的编码或业务开发。不过，他还是要听取硅谷富有经验的老手的建议。

• • •

莫里斯听取了雷德·霍夫曼（Reid Hoffman）的建议，雷德是领英（LinkedIn）的创始人，也是贝宝原来的高管。雷德曾尝试创办过一个网络交友的服务平台，并将其起名为社交网（SocialNet）。虽然以失败告终，但莫里斯清楚雷德的经历就是他要学习的重要一课。

在一次巴氏烤鸡肉块的野餐中，雷德和莫里斯就纳西卜网的发展问题进行了讨论。两位创业者坐在莫里斯的庭院里，讨论纳

① 六度空间、交友网和聚友网都是美国早期的社交网站。——译者注

西卜网运作的技术性问题，还讨论了网站如何吸引用户和如何争取回头客的问题。雷德建议莫里斯重点投资工程设计，从而将话题引到了资金问题上。雷德问莫里斯，是否已经筹到启动资金。

莫里斯说："我告诉他，我没有时间。"然后雷德就拿出手机准备打电话。莫里斯很困惑，呆坐在那儿。"是乔吗？我是雷德。是这样的，我跟莫里斯·拉赫曼在一起，他正准备在巴基斯坦创办一个社交网（雷德曾经创办但失败的那个创业网站）。我打算入伙，我觉得你也可以入伙。"雷德·霍夫曼正在给乔·克劳斯（Joe Krause）打电话，乔是开心网（Excite.com）的创始人，类似谷歌的搜索引擎。然后，霍夫曼给网络游戏开发者、社交游戏网站星佳（Zynga）的创始人马克·平克斯（Mark Pincus）打了电话。克劳斯和平克斯都未曾见过莫里斯。就这样，他们每人向纳西卜网入股 2.5 万美元。听到这些，莫里斯不知所措地呆坐在那里。

莫里斯回忆道："既没见过任何关于纳西卜网的方案，也没见过任何演示文稿。"雷德·霍夫曼一句"我要入伙"的许诺就足以引来支持者，这让莫里斯倒吸一口凉气。在巴基斯坦，如此忠诚的支持只会给予有家属关系和血缘关系的人，这便是信任。这从未在巴基斯坦的社会、经济或政治领域的任何层面发生过，因为根本没有机会和地方去培养信任。巴基斯坦人通常都在寺庙聚集，要么轮流去各家，没有会客的传统，没有几个非正式聚会场合可以集体讨论或建立人际关系。从某种程度上说，互联网打破了以往技术都未曾攻克的限制。与有线电话、广播和电视机不同，互联网将无数人聚集在一起，允许他们在同一时间使用，这就为学习、接收信息、建立人际关系，甚至为诚信奠定了基础。

莫里斯认识到，信任和团结的缺失是巴基斯坦一直游走于一个危机又一个危机的原因之一。他告诉我："硅谷成功必定有其成功的理由，不在于技术。"莫里斯发现，不论是他还是其他人，要想在巴基斯坦获得成功，他们必须将那种号召力和公关能力复制过来。就像尼日利亚需要建设一个金融体系，巴基斯坦需要打造社区空间，莫里斯计划打造的虚拟空间便是起点。

莫里斯一直关注数字化事物。尔德节快乐网（Eid Mubarak.com）引起了他的高度关注。2003 年，莫里斯收购了尔德节快乐网，不久，他有了创建纳西卜网的想法。

然后，莫里斯向前迈出了重要的一步。为了确保网络服务不受巴基斯坦不稳定的电网影响，他将服务器安置在遥远的美国。网络稳定、信号可靠让他名声大噪，这也是让他本人和其网站能够赢得信任的唯一途径。

莫里斯从未想到他自己能创建一份事业。然而，在巴基斯坦时间久了，又不好再离开，他两头为难，要么离开回到硅谷，要么留下来继续坚持。如果逃离，他将继续面对巴基斯坦给人留下的刻板印象——一个失败国家，这是他不愿意看到的。互联网可以搭建一个合作的平台，可是互联网能不能改变大家（包括巴基斯坦人在内）对巴基斯坦的看法，还不确定。然而，那时候他了无牵挂，不会有任何损失。莫里斯拿着 15 万美元，在拉合尔他父亲房子的一间小屋里继续创建纳西卜网，并于 2003 年 10 月 23 日推出了该网站。

• • •

拉合尔作家莫欣·哈米德的[①]（Mohsin Hamid）在其虚构小说《亚洲致富记》（*How to Get Filthy Rich in Rising Asia*）中写道："移居城市，是在崛起的亚洲成为巨富的第一步。"书中描写的地方和巴基斯坦出奇地相似。这是对巴基斯坦 20 世纪 80 年代全球化开始以来，从农村到城市现象的真实写照。成千上万的巴基斯坦人离开乡下来到大都市，去寻找更好的工作、教育以及医保机会。这些机会，通常是由巴基斯坦人自己积极拼命工作创造的。今天，巴基斯坦的小型企业和夫妻店（小商店）多过历史上的任何时期。小中型企业占巴基斯坦全部企业的 90%。第三产业的收入几乎占巴基斯坦国民生产总值的 60%。

① 出生于巴基斯坦第二大城市拉合尔，后进入美国普林斯顿大学主修公共与国际事务，毕业后入哈佛大学法学院深造，1997 年获得法律博士学位。——译者注

相比之下，该国热闹非凡的杧果交易也只占整个经济的20%。

然而，巴基斯坦的求职网通常忽略这些“中小型”企业，因为它们规模太小。以前经常打广告宣传的工作岗位有30个左右，还都面向大型综合企业和跨国公司。大家都以为小型企业预算少，薪水薄，为它们收集信息就是赔钱的买卖。尤其是到2007年，巴基斯坦的暴力冲突开始升级，广告宣传的工作岗位数量开始下跌，企业似乎进入了低谷期。莫里斯总结了硅谷的经验，推断这应该是一个创业的好机会。经济衰退时，包括美国电话电报公司、迪士尼、美国联邦快递、通用电气、通用汽车和微软在内的许多世界500强企业都能取得进展。有两个因素促成了在经济低迷时期创业的想法：一是虚弱的竞争对手很有可能被淘汰；二是优秀的人才正在找工作。

如果说，在巴基斯坦创业是件棘手的事，那么雇用合格的员工也同样棘手。大多数有经验和受过良好教育的巴基斯坦人都选择去薪水较高的跨国集团工作。不过，莫里斯知道，巴基斯坦1.8亿人口中，仍有一小部分具备资质的人对纳西卜网感兴趣。这就需要他花点力气找到这些人。莫里斯发现在报纸上发布分类广告是一种成本很高的方法，难以招到他想要的人才，也不可能通过巴基斯坦市场上数不胜数的求职搜索引擎找到理想的人选。

莫里斯本人很清楚，怪才们是一个自我筛选的集体。为了找到他们，他决定为信息技术岗位创办一个临时网站。几周后，其他一些新创技术公司询问，能否在这个临时网站上发布招聘启事。6 个月内，临时网站的用户发展到了几百个。充足而又具有流动性的工作岗位为硅谷的发展起了重要作用。莫里斯开始担负起帮助祖国的使命，他也逐渐明白了运作求职网提升巴基斯坦名誉的方式——等待时机和人才出现。

莫里斯让巴基斯坦的中小企业各归其所、各取所需。总部在硅谷的商业社交服务网站领英，颇受大型企业和美国高管的青睐，并且已开始向国外拓展业务。莫里斯知道，他只有依靠国外跨国公司才能名利双收，也清楚这么做将面临领英的挑战。莫里斯首选巴基斯坦的中小企业，他认为这些中小型企业所需资源独特，可以提高 2008 年创办的洛溪网的竞争力。

然而，莫里斯发现，许多小企业主的招聘都不会通过洛溪网进行。莫里斯说："许多人认为报纸是招聘的最佳渠道。"不过，目睹了美国求职搜索引擎的发展，他断定这一趋势会流行起来，甚至会蔓延到巴基斯坦这种地方。自从他回到家乡后，互联网的使用率逐年上涨，手机用户的数量也飞速攀升，巴基斯坦的网络不可避免地要嵌入求职搜索引擎。莫里斯抓住这个机会开发了这种平台。需要特别强调的是：这是巴基斯坦人自创的公司。

莫里斯深入调查，目的是为了说服巴基斯坦的企业。就像尼日利亚的塔约·奥维苏一样，他雇用一大群营销人员，人数远远超过工程师，以帮助他接触巴基斯坦的中小型企业。莫里斯只需让他们知道，洛溪网不只是一个工作平台，它还肩负着重任——鼓励并吸引私营企业参与巴基斯坦经济的发展，促进市场繁荣。莫里斯向巴基斯坦的中小型企业承诺，可为其时时提供必备的应聘数据。另外，他还与高校就业部门合作，帮助有能力的毕业生顺利就业。同时，他也主办招聘会。

招聘会尤为重要。尼日利亚的帕加科技通过代理人推动移动支付平台发展，相应的，这些招聘会将莫里斯幕后的努力推到了台前。巴基斯坦人可以面对面和那些在洛溪网上发布信息的雇主交流了，但这不是说数字网络就没有人情味。实际上，它可以加强人与人之间的互动和交流经验，这正是巴基斯坦人所需要的。人际互动是任何创新必不可少的组成部分。

美国的电子商务平台，比如瓦尔比·派克眼镜公司（Warby Parker）和男士服装行业倭黑猩猩（Bonobos）都认可这一点。两者都是从专门的网站起家，后来都开了实体店。瓦尔比·派克的共同创始人、首席执行官戴维·吉尔伯亚（David Gilboa）说过："有些实体的东西是难以被网络替代的，当你走进一家商店，你的五官感觉会被调动起来。"人们想近距离接触产品，也希望跟别人交流。归根结底，品牌就代表产品背后的生产者，也代表他们的理想和价值观。人们感受到的理想和价值观决定了一个品牌能否获得长期的成功。

莫里斯想通过他的产品给巴基斯坦人留下祖国成功、积极、正面的印象，土耳其的布莱特·塞勒比和尼日利亚的塔约·奥维苏也都是这样做的。在莫里斯看来，洛溪网已不仅仅是个网站，它还是一个社区平台。举办招聘会，让人们离开电脑屏幕，走出来彼此交流接触，这才是它的意义所在。

号召能力和交际能力，是任何社会发展的根本。人，一旦聚在一起，就会带来改变。

莫里斯意识到，正是将人聚集在一起彼此互动、交换意见的能力促成了硅谷的成功。能调和不同的观点、制定改变企业游戏规则的个人创业家，只不过是个神话传说而已。创业就是变革。当人们彼此联系、相互合作的时候，不管是两两合作，还是大众合作，变革就会发生。

硅谷的变革不是由一个人造就的，而是八个人，即“硅谷八叛将”（Traitorous Eight）。1956 年，这八个人为了成立快捷半导体公司（Fairchild Semiconductor），放弃了在半导体公司肖克利半导体实验室（Shockley Semiconductor Laboratory）稳定的工作。史蒂夫·乔布斯高中时遇到斯蒂芬·沃兹尼亚克（Stephen Wozniak），他们共同的爱好是计算机（和音乐），（两人在这一领域碰撞出了火花）引发了这一领域的变革。在斯坦福大学校园里，谢尔盖·布林（Sergey Brin）与拉里·佩奇（Larry Page）[①] 相互争论，也带来了变革。正是人与人的对话，尝试一同设想好的主意，才催生了硅谷的变革与创新。各个地方都有人在钻研复杂的理论，特别是硅谷之外的那些地方，就是这么简单又自然的一个过程。

创业和创新成为治愈全球困境的神奇疗法。它们已超越单个产品或服务的功能，成为一种膏药，一旦使用，就可以奇妙地改变人、商业，乃至整个世界。全世界正面临贫穷、金融危机、叛乱暴动和疾病肆虐的威胁，急需一种灵丹妙药，一个可以解决所有问题的重置按钮。要知道，正是创业精神和创新精神，将曾经死气沉沉、长约 8.85 万米的果园变成了今天的硅谷。它们现在又正在改造那些曾停滞不前的地方。中国、印度、以色列和韩国等，都在发展科技企业，它们都将发展成全球经济强国。

莫里斯·拉赫曼知道，要想在巴基斯坦创业，尤其是在技术类创业中取得成功，就需要国家打造社区平台。而无法召集会议交流思想，巴基斯坦负面、古板的形象一成不变，以及人

---

① 谢尔盖·布林与拉里·佩奇是斯坦福大学校友，一起创建了互联网搜索引擎谷歌。——译者注

们恐惧的加剧，都无法让巴基斯坦的乔布斯——前途无量的科技人才出现。

• • •

2007 年，莫里斯收到了一封电子邮件，信上说有一家投资集团希望收购纳西卜网络公司。纳西卜婚恋门户网已经为公司创造了好几十万美元的利润。投资集团认为，巴基斯坦有可能成为下一个印度或中国。从它新兴市场蓬勃发展的情况来看，投资者觉得自己可以从中得到可观的回报。巴基斯坦约 7 000 万人已经进入了中上层社会，还有享誉全球的大学，如拉合尔管理科学大学（Lahore University of Management Science）。

莫里斯拒绝了这家投资集团的提议。相反，他勾勒出了进一步拓展纳西卜网的蓝图，计划将其打造成一个更受欢迎的网络品牌。他想让纳西卜网成为南亚版的火箭网（Rocket Internet）[①]。火箭网是一家克隆西方国家且已取得成功的网络平台公司，不过其普及范围还未超出英语国家。

他打算到硅谷筹集投资来实现他的计划。巴基斯坦的银行不会给他贷款，即便是在有合同保障能还款的情况下，他们也拒绝给新创企业贷款。巴基斯坦的另一名创业者，科技外包商

① 火箭网是一家德国人模仿欧美商业模式的时装“工厂”，通过网络销售产品。——译者注

创新潮（Creative Chaos）的创始人和首席执行官沙基尔·侯赛因（Shakir Husain）2007年准备扩大公司规模，需要10万美元的贷款，也遇到了同样的问题。

"如果你能提供10万美元的抵押，我们就放款给你。"沙基尔告诉我，银行就是这样跟他说的。沙基尔回复银行说，他与美国的客户有100万美元的合同，但银行还是拒绝了。"如果我的公司是一家纺织公司，我就能拿到我客户的担保信，那问题就解决了。但我的公司是搞软件开发的，客户并不知道如何担保这个风险。"他说道。沙基尔没有任何可以用作银行贷款担保的物品，最终，他只能自筹资金。这是最糟糕的办法，因为一旦投资失败，他将亲手毁掉自己。这个案例，是以风险资本的形式呈现的。

风险资本不只是一项金融业务。顾名思义，它要冒着风险达成协议，去指导创业者创办企业，帮他们拓展业务。可以确定的是，在风险资本的帮助下，"硅谷八叛将"创建了快捷半导体公司。这就是莫里斯要到硅谷的沙丘路（Sand Hill Road）[①]去寻找风险投资公司的原因。没有几个公司愿意听他讲他的公司和想法，这一点都不奇怪。他们对互联网都很在行，也看到了

① 沙丘路是硅谷乃至全美最显赫的一条路，聚集了美国最重要的风险投资机构。——译者注

莫里斯产品的潜力，但是这些产品是如何在巴基斯坦茁壮成长的，他们很是好奇。莫里斯说："我要推销的不是洛溪网或纳西卜网。"他要推销的是他的家乡。他必须向任何持怀疑态度的人证明，巴基斯坦不是滋生恐怖主义、炸弹乱飞的地方。他接到了两个回复电话，一个来自德丰杰风险投资公司（Draper Fisher Jurvetson），另一个来自美国壹普兰投资基金（ePlanet）。

"帮助我们的这两家投资基金是最优秀的，他们对世界上的新兴领域很有经验。"莫里斯这样说。他们推荐富有进取心的团队，而这些人又会推荐其他团队。因为在巴基斯坦没有投资经历，其中的一个合作伙伴穆罕吉特·乔利（Mohanjit Jolly）坦白承认，在巴基斯坦投资很"冒险"。乔利刚刚加入德丰杰，计划在印度拓展公司的影响力。能成为巴基斯坦的"开拓者"让他们自豪。乔利告诉我，在2007年，他们的公司远远领先其他对手，想"急切开发这个区域的其他方面"。"碰巧，纳西卜网络就是第一宗被我审查的交易。"

在巴基斯坦强劲发展的大量网络数据和图示中，乔利注意到了莫里斯的公司。他发现莫里斯已经创造了一些有意思的产品，具有一定的吸引力。他对巴基斯坦很熟悉，很清楚巴基斯坦的所有负面印象，也了解巴基斯坦人的优缺点。乔利有一点印度血统，虽然印度和巴基斯坦处于敌对状态，但两个邻国在历史和文化上有着许多共同点——巴基斯坦跟印度人一样能干。乔利告诉我，经过很长时间他才意识到纳西卜网创建的是社区平台，可以“赚钱”。“莫里斯正想方设法推动纳西卜网向国外发展，努力缔造合作关系将其推广到全世界。另外，纳西卜网也不是拿科技当儿戏。”对莫里斯要筹集的实际金额慎重考虑后，他们同意投资，因为投资金额并不多。

投资协议很快就能签订，但交易需要持续很长一段时间。德丰杰想让美国五大会计师事务所中的一个所为纳西卜网进行账务审计。在其他任何一个地方花费一个月就能完成的事，在巴基斯坦却需要三个半月。知名的几家会计师事务所，都没有给像巴基斯坦这种地方规则已过时的科技公司做过评估工作。只有硬件设施可估价，软件或知识产权则无法估价。账务审计从 2007 年年底开始，当时巴基斯坦局势就如莫里斯所说的“动荡不安”，巴基斯坦刚要摆脱过去的恶名，麻烦又接踵而至——宪法被中止，卡拉奇（Karachi）和白沙瓦（Peshawar）等主要城市时常发生炸弹袭击。巴基斯坦前总理贝娜齐尔·布托（Benazir Bhutto）[①] 回国参加大选，结果在 2007 年遇刺身亡。美国有线电视新闻网（CNN）铺天盖地报道巴基斯坦。难怪，

① 贝娜齐尔·布托（1953 年 6 月 21 日—2007 年 12 月 27 日），巴基斯坦前总理，人民党领导人。——译者注

莫里斯收到了一封合作人的电子邮件，说要“重新考虑”合作。

莫里斯在巴基斯坦给几位经验丰富的风险投资家打电话解释，劝说他们要奋勇直前，应该继续投资。“我审阅了公司的数据和增长曲线。”最近3个月，他看到了公司历史性的高速增长，但他感觉还没有到出手卖掉的时候，他坐下，写下了迄今为止最重要的一封电子邮件。

他在信中写道，风险投资，它不是政治学，其本质就是金钱主义。像信贷一样，它扮演着促进者的角色。当然，市场也是风险资本入驻的一个重要因素。莫里斯在信中这样写道：“如果你要真正估算一个国家的风险，首先，与新创公司固有的风险相比，这就是一个舍入误差[①]。”风险资本通常都针对某个人和某个想法冒险，再说，风险正是巴基斯坦为了引进投资、鼓励资本流动和储存所需要的东西。巴基斯坦与许多苦苦挣扎的经济体一样，留不住钱，也无法将钱用到自己国家身上。2013年，移居其他国家的工作者寄出总额达150亿美元的汇款养活了好几百万的巴基斯坦人，但汇款都用来应付日常消费。这些现金流并没有给巴基斯坦带来什么作用。它们没有被用来修建基础设施、投资教育或创办新企业，甚至无法创造就业岗位。

---

① 舍入误差，英文为Rounding error或Round-off error。数学上或计算机学术语，为某一数值近似计算值与其真实值的差值。——译者注

莫里斯认为，要想在巴基斯坦成功创业，国家需要吸引投资，还要扩大信贷、能将钱变为资产的渠道。

“我仍然记得收到的那封电子邮件。”乔利告诉我。德丰杰为此做了详细的解释，还做了深刻的自我反省。“我们必须回答一个问题，我们还能相信莫里斯·拉赫曼是一名创业者吗？”答案是肯定的。作为一名创业者，莫里斯的声名无可挑剔。他兑现了自己的承诺，工作也很努力，赢得了大家的信任。“这又涉及‘德丰杰是做什么的’的问题。我们不会逃避大多数人都会逃避的现实。考虑到我们已经取得的成绩以及之前的承诺，我们不想破坏自己的名誉，不想退出。”

自2007年以来，德丰杰与莫里斯的合作保障了公司的正常运转。次年，与其他企业一样，纳西卜网也受到了全球金融危机的影响。巴基斯坦的企业停止招聘新的员工，还缩减人员。乔利告诉我，莫里斯那时就觉得他无法实现打造多功能门户网的梦想了。不过，莫里斯虽很痛苦，但还是自己将所有的重心都放在洛溪求职网上。乔利说：“很明显，脸书和领英都已将触角伸向全世界，其中包括巴基斯坦和中东地区，与其与这些巨头碰得头破血流，还不如利用好眼前现有的资源和知识，将洛溪网品牌发扬光大。无论如何，它都能带来最大收益。”

• • •

沙特阿拉伯的阿法沙利亚中心大厦[①]是沙特首都利雅得的著名地标，其顶端镶嵌着一个金色的圆球，仿佛随时都会飞出去，或者是被抛出去。圆球和高耸入云的大楼，将广阔的沙漠和棵棵棕榈树远远抛在身后，如同银河中的点点繁星。2012 年至 2013 年两年中的大部分时间，莫里斯·拉赫曼频繁穿梭其中，就是为了收购在阿法沙利亚中心大厦上的其中一家公司——迷哈乃提求职网（Mihnati.com）。

沙特阿拉伯是世界上最大的雇主之一，与一些相邻的海湾国家一样雇用着数十万外国工人。其中大多数人来自南亚国家，尤其是孟加拉国（Bangladesh）、印度和巴基斯坦。

2013 年 6 月，莫里斯收购了迷哈乃提求职网。这是巴基斯坦科技新创公司收购的第一家外国公司。在西方国家，知名的世界 500 强或硅谷巨头公司兼并其他公司是司空见惯的事。兼并收购是他们积累人才和财富、取得市场份额、提高竞争优势，以及进入新兴市场的方法之一。在英特尔公司，莫里斯目睹了通过兼并使公司更壮大、竞争力更强的实例。同时，兼并也带来了更多的营销渠道和保持竞争优势的诀窍。亚马逊、脸书和谷歌也搞过

① 2000 年建成的阿法沙利亚中心，266.9 米，44 层高，是沙特阿拉伯首座摩天大楼。——译者注

兼并。这就引出另外一个问题，如果这些公司成为垄断组织，市场上的竞争关系就会消失。这个话题留在下一章讨论。

2013 年 6 月，洛溪网实现了连续五年半的增长，拥有最大的市场份额，成为巴基斯坦求职网的老大。“全球网络”（All World Network）索引由哈佛大学的商务管理教授迈克尔·波特（Michael Porter）发起，根据索引数据可知，2011 年巴基斯坦发展最快的网络公司里面，洛溪网位居第 12 位，2010 年是第 25 位。然而，我与一些投资者交流过，他们认为洛溪网的数据与它的市场份额不相匹配，因为这家公司的收入还不到 100 万美元，投资者也怀疑它能否持续发展。也许，他们是对的。不过，洛溪网在其创始人莫里斯·拉赫曼的带领下，仍为巴基斯坦初露头角的科技景象和创业生态体系发挥着巨大的作用。

美国知名的创业培育师布拉德·菲尔德（Brad Feld）是一名投资家和创业者，也是科技之星（TechStars）公司的创始人，他在《创业圈：构建城市创业生态体系》（*Startup Communities: Building an Entrepreneurial Ecosystem in Your City*）一书中指出，一个活跃的创业者信守承诺、积极参与，对一个创业生态系统的形成至关重要。莫里斯·拉赫曼就做到了，作为创业者，他见证了巴基斯坦蒸蒸日上的创业景象，就如菲尔德在《创业圈》中所描述的：“就像一个收益递增的游戏一样，大批创业者都参与其中，更重要的东西——创业生态系统就会形成。”

洛溪网在人力资源市场中仍然发挥着作用，并且潜力巨大。它持续不断地创新产品，比如网络工具记忆配对（InstaMatch），招聘方可以通过关键词搜索数据库里面的简历，然后找到相匹配的人才。公司的跨区域发展让其价值愈加显现。

莫里斯告诉我：“通过我们的系列产品、后台运营和网络招聘的经验，我们要抓住机会提升迷哈乃提求职网客户群的价值。”兼并这家公司，不仅是洛溪网快速进入沙特阿拉伯的一个“捷径”，还能给当地的团队和合伙人带来额外的好处。

如今，沙特阿拉伯不再是一块寸草不生的荒漠了，这儿有闪闪发亮的未来派建筑和修剪整齐的绿地园林，每个人都幻想乘坐碟型汽车穿梭于各大高楼之间。这里无情又麻木的商业荣耀正合华尔街的银行家和律师之意。然而，深究之下，还是会发现沙特阿拉伯的本质。它仍然依赖于石油，妇女没有多少权利，老百姓对政府管理也没有多少话语权。沙特阿拉伯人建造了大量的建筑物，但创新的空间和团队还是极度匮乏的。单靠高楼是无法打造团队的，也不可能激发创新能力。只有人与人能够聚到一起，才能形成一个团队。这正是底特律在失败后得到的经验教训。

由于汽车制造业的下滑，汽车城底特律濒临破产，其人口从20世纪50年代的180万人下降到现在的70万人，底特律想尽办法都无法留住居民。后来，大批年轻人因这个城市房租低廉的优势而留下来，情况有所好转。此外，密歇根州、联邦政府、一批高校以及一部分底特律出生的富商也伸出了援助之手。

科技园（TechTown）就是一个例子。它由国家、联邦以及其他一批基金支持建设而成，作为孵化器，它为周围12个街区提供各种资源服务。这些资源包括举办研讨会，创立工作室，以及联系投资者联系方式等。同样，底特律创意中心（Detroit Creative Corridor Center）正如其网站所描述的，是“密歇根商业领袖协会和创意研究院的合作纽带”。它有慈善机构和政府做后盾，支持创新类的工作。

为了帮助底特律复兴，底特律人丹·吉尔伯特（Dan Gilbert）将他的在线抵押借款公司——快速贷款公司（Quicken Loans）迁到了底特律市中心。底特律市约有1.15万人在快速贷款公司上班。吉尔伯特的投资集团滚石风险投资（Rock Ventures）已经收购了10亿美元的资产，由旗下的房产公司基岩房地产服务公司（Bedrock Real Estate Services）打理。吉尔伯特认为自己创造了“底特律机遇”,《纽约时报》曾报道:“他肩负着拯救使命和创业风险，如果成功了，将收获惊人财富。”

莫里斯·拉赫曼希望通过努力能为个人和国家都带来财富。他是巴基斯坦为数不多的科技创业者之一，能集中心思努力工作，并让巴基斯坦人，尤其是那些政府官员和商业顶层人士开始重视技术和创业。

为了推动技术发展和提升创业精神，莫里斯已带头采取了一系列举措，取消了大量的会议。2010年召开的一场会议，名为“解放变革”，将巴基斯坦创业者、商业领导和政府领导聚集在了一起。

莫里斯的收获非常显著，这引起了巴基斯坦高层的注意。莫里斯认为，人越多，就越有助于改变巴基斯坦的名誉，他自己要求身边的人尽快地推动此事向前发展。

莫里斯·拉赫曼认为，要想推动巴基斯坦改善名誉，不应通过美国国际开发署（USAID）的项目展览社会企业来实现，而应通过经济的高速增长和公司的发展壮大来实现。

互联网为重塑巴基斯坦的声望带来了机会，正如莫里斯所言，它可以将巴基斯坦从“开化的边沿”带进国际市场。互联网给那些各自为政、贫穷落后又与世隔绝的人提供一个公开讨论的场所。在这里，主办者提供的是观点和思想，而不是意识形态，参与者都是创新者，而不是叛乱分子。这样才有可能让人们积极提出观点，并寻求帮助。思想孕育思想。这正是隐藏在大量社交媒体平台背后的东西，从脸书到推特，从照片共享网（Instagram）到拼趣网（Pinterest），再到微博客（Tumblr），都是这样。这也是聚友网（Meetup）成功的原因。聚友网关注那些具有同样话题、问题或想法的人，并从中获得利益。这些新创企业不可能自发地突破自我，只能因用户的使用和他们对互联网的推动才能有所突破。

纳西卜网和洛溪网精心打造了一个虚拟空间。莫里斯相信，如果没什么变故，它们会继续提升大家对巴基斯坦的认识。它们可以将巴基斯坦团结成一个非正式的网络空间。在这里，思想、经验和知识可以彼此交换，甚至是与世界交换。莫里斯对我说："巴基斯坦可以与世界上的佼佼者竞争，也许不是今天，但或许就在将来的某一天。"

竞争对创业精神至关重要，这是下一个创业者，墨西哥的恩里克·戈麦斯·洪科所发现的真理。

From the Other
Side of the
World

第四章

巨人戈利亚斯和大卫：竞争与互惠

放弃权利最常见的方式，

就是他们自以为没有任何权利。

——艾丽斯·沃克

墨西哥城：蒙特雷和阿卡普尔科

每年 4 月，纽约的《福布斯》(*Forbes*) 杂志都会发布年度世界富豪榜——“亿万富豪”榜。2007 年，微软创始人比尔·盖茨以 592 亿美元的身价位居榜首。墨西哥记者、在线财线网《常识》(Sentido Comun) 的创始人爱德华多·加西亚 (Eduardo Garcia) 对此心存疑惑。加西亚一直在关注墨西哥的股票交易，跟踪报道卡洛斯·斯利姆 (Carlos Slim) 的公司。

卡洛斯·斯利姆是墨西哥的首富。加西亚坚定地认为斯利姆才是 2007 年的世界首富。斯利姆的移动网络公司——美洲电信 (America Movil) 的股票价格在 2007 年 7 月上涨了 27%。加西亚断定，这个带有黎巴嫩血统的胖子应该比比尔·盖茨更富有，应该是《福布斯》榜单上的首富。在墨西哥首都墨西哥城，斯利姆仍住在一栋适合中产阶级居住的房子里，但很简陋，他没有专职司机，自己开车。

2007 年，卡洛斯·斯利姆拥有两百家公司，涉及各行各业，有银行、零售、航空、装瓶、烟草和酒店。不过，斯利姆所有的财富都在墨西哥电信公司（TelMex）和美洲电信名下，前者是墨西哥的主要通信公司，后者是移动电话网络公司。1990 年，墨西哥政府为了急切扩大财政收入，私有化了许多产业，斯利姆收购了墨西哥电信公司。不过，私有化并没有解除对通信在内的各大行业的控制。墨西哥电信公司控制着墨西哥超过 70% 的有线电话，因此通信行业由国家垄断转变成了私人垄断。美洲电信的垄断地位与墨西哥电信不相上下，掌控着墨西哥 70% 的移动手机用户。

国家垄断和私人垄断主宰着许多新兴市场国家的经济，同样也主宰了墨西哥的经济长达几十年。像土耳其、尼日利亚和巴基斯坦这些地方的经济命脉，由少数家族企业控制着。

20 世纪，墨西哥将自然资源重点用在救灾、保护私营企业和维护稳定上。商业顾问劳伦斯·维纳（Lawrence Weiner）在《大西洋》月刊（*The Atlantic*）中描述的“我们对他们”（us versus them）的模式在墨西哥逐渐成形，这是一种根深蒂固的妄想症，将外来人挡在门外，以便牢牢把控墨西哥的财产。

然而，在控制水泥、电力、石油、食品饮料和电讯通信等行业的同时，墨西哥也扼杀了竞争与效率。墨西哥的首要目标是阻止外来者侵占他们的资源，但是，他们的所作所为阻止了急切想创业的人，开夫妻店的人除外。垄断手段形成了一套经济体系，破坏公平，导致了人们得花高价才能买到低质量的产品和服务。鲁吉·夏尔马（Ruchir Sharma）曾说过："墨西哥使用的消费品大约 40% 由私营企业生产，价格比国际上的平均价格要高出 30%。"与当地的购买力相比，一听可乐的价格还要高于美国的售价。

达隆·阿西莫格鲁（Daron Acemoğlu）和詹姆斯·罗宾逊（James Robinson）在《国家为何衰败》（*Why Nations Fail*）中这样写道："与美国完全不同的经济制度成就了卡洛斯·斯利姆。"假如你是一名墨西哥创业者，在你职业生涯的每个阶段，那些准入门槛都会影响到你。这些门槛有昂贵的营业执照、红头文件、恶意刁难的官员和已有企业的竞争，还有从金融部门获取资金的艰辛。财政部门通常都会和你的竞争对手沆瀣一气，即已发展成熟的企业。这些障碍要么难以应付，让你无法获利；要么就成了你的挚友，逼得你的对手走投无路。

40 多岁的恩里克·戈麦斯·洪科是节能服务公司（ESCO）"优化能源"的创始人，该公司专门生产优化电能、燃料和水。恩里克清楚，在墨西哥创业很难取得成功，因为有太多的垄断部门拦在路上。不过，他也发现，全球化带来了很多变化，比如，经济壁垒的消失。他认为，这或许能打破通向合作的壁垒。

在墨西哥，大企业和垄断部门很常见，实际上，整个 20 世纪，在墨西哥这类地方的大企业和垄断部门都是被鼓励的。那时候竞争不在于个体企业之间，而是国家与国家之间，主要是发达的西方国家之间。恩里克明白，在全球化进程中，竞争已经变样了，这或许意味着垄断部门将不得不做出一些改变。

不论垄断在哪里，对富人都是有利的，而对其他人是极其不利的。这就是为什么美国在 20 世纪伊始，就要通过立法来分割极少数精英的财产。他们原来是 19 世纪末领导美国大企业的强大实业家，比如约翰·雅各·阿斯特（John Jacob Astor）、安德鲁·卡内基（Andrew Carnegie）和约翰·戴维森·洛克菲勒（John D. Rockefeller）。这一反垄断立法有助于保护美国市场和美国消费者，到目前为止仍然发挥着作用。

不过，亚马逊、苹果、易贝、脸书和谷歌等技术公司的发展，给这种保护画上了问号。事实上，他们再次提出的问题是竞争到底还存在不存在。打着“要么做大，要么回家”的幌子，这些公司控制了世界大部分地区的各种垂直市场，其中亚马逊、脸书和谷歌表现得尤为突出。

恩里克知道，他不能直接反抗墨西哥的垄断集团，却可以与他们合作，以便取得成功。在 21 世纪的经济全球化浪潮中，垄断组织再也不能控制任何一个国家的某一产业了。如今，竞争不在国与国之间，而在巨头公司之间，比如亚马逊、脸书和谷歌之间的相互竞争。这是一个墨西哥垄断集团也不得不承认的现实。

恩里克在墨西哥未曾有人涉足的节能领域开发产品，所以，墨西哥的顶尖垄断集团还得排队跟恩里克合作。恩里克成为墨西哥的最佳创业者之一，有效地激发了墨西哥人的创业精神，也逼迫墨西哥垄断集团放松了对财富资源的把控。墨西哥政府和垄断集团认清了现实——垄断已无法继续为这个国家提供保障，只能拖它的后腿。

只有打破垄断或者变革垄断组织的运营方式，才能提高产品质量，并降低价格。更重要的是，它还能使墨西哥参与到国际市场中来，在经济上与世界互连互通。在过去的 10 年里，为了与全球供货和生产链对接，墨西哥领导人已采取了许多措施。正因如此，墨西哥成为全球第十三大经济体，拉丁美洲第二大经济体，仅次于巴西。各行各业中像恩里克这样的创业者已被认可，他们拿到了外国投资，墨西哥的领导人也开始承认他们的价值，并重点关注他们。

• • •

在墨西哥城考古和人类博物馆里，墙上的神灵低头怒视，给人感觉人类的命运是上天注定的。奥尔麦克人[①]头像表情严肃、无情，与从玛雅神庙挖掘而来、雕刻精细的玉石人像摆放在一起。1本装饰华丽、重2.5万千克的阿兹特克日历，看起来既能回顾过去，又能展望未来，是现代墨西哥贴切的象征符号。墨西哥对自己的历史充满自豪感，但又急切地想征服未来。

优化能源公司的创立者恩里克·戈麦斯·洪科，此前来过这些古老的展厅很多次。蒙特雷是墨西哥北部的一个城市，恩里克就在这里生活和工作。2013年5月的一个清晨，他刚离开蒙特雷，就又回到了大楼。他自己也不知道他想要些什么。

美国大使馆给他送来了邀请函，是美国总统邀请他出席企业家论坛。论坛地点在国家人类博物馆（Museo Nacional de Antropología），里面装点着过往历史的荣耀。恩里克走进其中一个宏大的博物馆展厅，看到刚刚挂上去的美国国旗和墨西哥国旗，这让他有点迷惑。让恩里克感到意外的是，奥巴马总统对墨西哥的创业方面颇感兴趣。到目前为止，墨西哥没有几个人对创业问题感兴趣。巴基斯坦领导人一贯都很重视那些类似于卡洛斯·斯利姆控制的大企业和垄断机构。

另外，来自不同行业的14位男女创业者与恩里克在博物馆

① 居住在墨西哥东南部的有高度文明的古印第安人。——译者注

会合，他们聚集在展厅里。展厅里摆着几张铺着深色海军蓝桌布的长桌，长桌拼接成一个正方形，每个座位上都放着洁白的名牌。只有白宫的摄影师才能抓拍到这一历史性时刻。

上午 11 点整，美国驻墨西哥大使安东尼·韦恩（Anthony Wayne）和白宫高级顾问瓦莱丽·贾勒特（Valerie Jarrett）向恩里克一行人打完招呼，示意他们坐下。此时，奥巴马总统还没到场。他在墨西哥访问的 24 小时的行程被安排得满满当当：与墨西哥政商领导人会晤，还要给全墨西哥人发表讲话，之后还要访问哥斯达黎加（Costa Rica）。

恩里克拥有一双浅色的眼睛和一头金色的秀发，肩膀宽大，像足球运动员的体型，气场十足；他细心体贴，经常把“谢谢”和“请”挂在嘴边，赞美别人时常会低下头，其言行举止很像是黑白电影时代的人。他与电影明星布拉德利·库珀（Bradley Cooper）出奇地像。布拉德利·库珀主演过电影《乌云背后的幸福线》（*Silver Linings Playbook*）、《美国骗局》（*American Hustle*）和《美国狙击手》（*American Sniper*）。恩里克被安置在一个角落坐下。我相信，不管怎样安排，他都会自觉地坐到这个位置，因为一个月前，我跟他在蒙特雷相处过一段时间，他不太喜欢高调行事。

韦恩大使和贾勒特女士在说话，当他们聊到创业对创造就业岗位和经济增长的重要性时，恩里克远远地就听到了。他俩说，这正是奥巴马总统与墨西哥总统恩里克·培尼亚·涅托（Enrique Peña Nieto）讨论的主要议题之一。美国总统想探讨美国和墨西哥创业者的合作事宜，他特别想找到一个能支持个人在墨西哥投资创业的渠道。

新创企业能创造就业岗位，还能加速改革，改变经济和政治现状。比如说工业家亨利·福特（Henry Ford），他的 T 型汽车改变的不只是汽车工业。他发起了大众市场生产，革新了整个工业领域，甚至是整个美国经济。史蒂夫·乔布斯的苹果手机改变的不只是电话，他为其他类似照片分享网（Instagram）、网络信使（WhatsApp）和优步（Uber）等新创企业的崛起奠定了基础。这些新创企业孕育了后来大家熟知的“共享型经济”，一种绕开常规企业、鼓励点对点交易的经济模式。在福特和乔布斯的案例中，生产资料和集聚财富的方式已经改变，企业和政府的管理方式也发生了变化。原来掌控在某些人手中的东西，现在转移到了另外一些人手中。墨西哥如此，世界其他地方也如此。

20 世纪 80 年代初，墨西哥领导人放松了在某些行业的中央集权，管理权下放到了个人手里。或许他们已经意识到政府并不是经商的最佳实体，因为政府官员缺乏经商的知识和经验。

然而，即使墨西哥领导人放松了对国家经济命脉的掌控，但他们仍然严格控制竞争关系。墨西哥政府只关注银行、水泥厂、通信线路的控制权是否在自己手里，至于这些行业能否给消费者或经济带来好处政府觉得就不那么重要了。

没有带来好处一点都不奇怪。虽然在许多行业中，精明的商人代替了官员，但墨西哥的市场仍旧受到限制，停步不前。墨西哥领导决定商品的出口和价格，这严重地损害了消费者的利益和国家的经济利益。

更糟糕的是，这些行业的产品单调，服务质量低劣。垄断集团绞尽脑汁地想着怎么样剥削消费者，而不是去努力满足消费者的需求。他们不愿意牺牲高额利润，也不愿意在人才、研究、开发和创新上再投资。他们反感他们眼中的“新贵”或“暴发户”，因为新贵和暴发户的创业愿景扰乱了现状。

出席这次博物馆举办的历史性会议的新贵们都非常清楚，墨西哥垄断集团手中的权力有多大。没人敢创业，也没有人敢直接与墨西哥的大企业家对着干。相反，他们开创了商务学校教材上所谓的“B2B”商业，即企业对企业的业务模式，去补充或者支持现有业务，而不是直接向消费者提供产品或服务。

不是竞争关系，而是互补关系激励创业者抛头露面，为国家做贡献，并开始将创业变成一种可能。在过去的 10 年中，墨西哥的垄断集团不但一直容忍那些开发自己产品和服务的人，还跟他们合伙做生意，尤其是那些能给其带来利益的产品和服务。创业为墨西哥疲软的市场注入了活力，而且激活了市场的竞争力。

恩里克的优化能源公司在墨西哥正是通过互补获得发展的。优化能源公司通过“绩效合约”给不同的部门宣传节能措施，比如酒店和市政当局。公司研发节能措施，比如空调的热回收再利用技术、LED节能灯技术。在这种互补模式里，只有客户省钱了，公司才有钱赚。这个项目实施后，优化能源公司的收入只是大家节省下来的一个百分点。

墨西哥的许多垄断企业都向优化能源公司伸出了橄榄枝。更值得一提的是，包括卡洛斯·斯利姆在内的一批杰出商人，还曾为该公司提供资金支持。只有团结合作，他们才能改变墨西哥的电力供应现状，打破电力垄断。等美国领导人奥巴马最终出现在会议现场后，恩里克也会给他汇报这一点。

• • •

100多年来，墨西哥一直是美国的次要合作伙伴，却经常被忽略。过去10年，墨西哥在华盛顿和华尔街都发挥着举足轻重的作用。2013年，墨西哥和美国的商品贸易额达到5 070亿美元，墨西哥成为美国第三大贸易伙伴，紧跟在7 070亿美元的加拿大和 5 790 亿美元的中国之后。

墨西哥逐渐变成了美国商人的生产工厂。墨西哥有 1.2 亿人口，人均可口可乐消费位居世界第一，相对人口的平均占有量来说，墨西哥的沃尔玛超市数量比美国还要多。克莱斯勒汽车、福特汽车和通用汽车在墨西哥都有生产工厂。美国宇航局（NASA）、美国国防部安全设备委员会和太空卫星已越过与墨西哥接壤的南部边境。由于中国和亚洲其他地方的劳动力成本上升，石油、价格的持续波动，而墨西哥的劳动力廉价，运输距离更近，计算机、手机和平板电视生产商也都将生产线从亚洲转移到了墨西哥。

与恩里克和其他创业者在博物馆会见几小时前，奥巴马总统向墨西哥人民发表讲话："如果美国和墨西哥同心协作，我们可以将大量的产品销售到经济正在衰退的太平洋彼岸。让我们一起制造更多的产品，而不只是互相买卖更多的商品……让我们实现一位年轻女性的希望，她是一名墨西哥国立理工学院（National Polytechnic Institute）的学生，是你们这一代急切想成名立业的一个代表。她说：'给我们一份工作，我们就能成为创造者。'"

恩里克早早到达墨西哥城，就是为了来听奥巴马的演讲。他说："这是我第一次听美国总统用这种方式谈论墨西哥。"尽管他曾与自己国家的总统见过面，还跟许多其他世界领导人交谈过，但感觉这次与奥巴马的见面会给自己带来一些不一样的东西，他的内心充满期待。

生活没变，而与奥巴马的见面却别有一番特色。环境布置得华丽精美，不过没有迎宾队伍。大家在博物馆聊天，大约过了半个小时，没有任何警示，也没有任何骚动，奥巴马总统就出现了。他穿着深黑色的西服，系着银灰色的领带，被几名中情局特工护卫在中间。他进来后，径直走向几个创业者，与他们打招呼，然后继续绕着桌子往前走。走到各式各样的史前古器物和雄伟的特诺奇蒂特兰勇士（Tenochtitlan warrior）雕塑前，他停下来欣赏了一会儿。因为没有欢迎仪式，恩里克站在原地，甚是惊讶。

奥巴马总统跟每个人握完手之后，也没有讲话，而是坐在了他顾问旁边的一个位子上，说了几句话，然后就拿起笔准备做记录。他告诉15位创业者，他是来向他们学习的。他询问每个创业者的业务情况。

其中一人谈到了在墨西哥设计汽车；另外一个人说到了无线射频技术（RFID），他说自己生产的这个产品有助于追踪商贸交易中资产数量的变化，如装备、产品、服务或客户等的变化。一位下海经商的生物学家告诉奥巴马，为解决墨西哥的农业问题，他正努力研发可持续生物技术。

轮到恩里克时，恩里克谈了他在节能方面的工作。墨西哥是个石油生产国，几乎拥有供应全国电量的能力，即意味着每个人都有电用，但墨西哥产的能源价格非常高，甚至还得从美国进口能源。墨西哥人在燃料和电力上的开销要比美国人多，在电话服务和绝大多数消费品的开销也比美国多。

墨西哥国家电力公司（CFE），就是众所周知的“委员会”，支配着用电市场。它是墨西哥第二大国有企业，位于墨西哥国家石油公司（Pemex）之后。墨西哥国家石油公司是世界上第二大未上市石油公司，也是拉丁美洲第二大企业，巴西的巴西石油公司（Petrobras）位居第一。

墨西哥国家电力公司对整个国家的电力运输和分配管理非常严格，很少有疏漏。虽然墨西哥能源部（SENER）制定了国家能源政策，能源管理委员会（CFE）负责颁发执照和制定能源指导方针，但两者对墨西哥国家电力公司及其附属机构中央光电（Luzy Fuerza del Centro）都没有管理权，墨西哥国家电力公司其实就是一个自治王国。为此，它可以为所欲为，只要提供一丁点服务，就要收取天价费用。虽然，公司在墨西哥领导的要求下，给家庭消费者发放一定补贴，但转向企业收费。企业用电占整个国家电力消耗的59%，处于25%和60%之间，超过了国际平均值。这样就损害了企业的利益，进而也影响了墨西哥经济的增长。

虽然有大笔的收益，但墨西哥国家电力公司还是不愿意在升级和创新上再投资。公司在墨西哥东部地区修建了一座核电厂，很大一部分供电还是依赖石油和天然气。此外，墨西哥75%的电能都是靠储藏的石油发电，却迟迟不愿寻求替代能源。随着国家能源需求每年三个百分点的增长，墨西哥政府2008年颁布一项法律，命令电力公司制定可持续策略，逼着它关注清洁技术。因为未来10年内，墨西哥国家电力公司将无力满足墨西哥能源增长的需求。

恩里克说："我们认为，节能应先行，我们需要高效能的公司与世界抗衡。"

恩里克告诉美国总统，他发现墨西哥城市和乡镇在电能上花费高昂，超过了在安保、教育和基础设施发展上的费用，大部分的市政预算，首先花在支付工资上，其次便是为用电买单。为了改变用电费用高的现状，恩里克采取绩效合约的办法，从而使城市能源消耗比预期降低了60%，而市政没有花费一分初始投资。恩里克的公司还出资支持公共路灯建设。需要明确指出的是，优化能源公司还给市政当局发放贷款，供他们购买、安装LED节能灯。LED节能灯成本肯定要比标准的荧光灯高，但是更节能、更经久耐用。

“我的主要目标就是跟他（奥巴马）讲清楚，投资的确可以带来一些机会，让墨西哥发展可持续项目。”恩里克告诉我。他所说的可能的机会就是指创造就业岗位，以及给其他社会事业带来额外的资金流动。之后，他又补充说：“投资能驱动市政开发节能项目，阻止能源浪费。”

工厂需要电来运转机器。随着墨西哥产能的提升，能源需求也随之上涨。在接下来的几年里，墨西哥和其他包括美国在内的许多国家，将不得不成倍地提高能源产量。像尼桑日产（Nissan）和墨西哥水泥集团（Cemex）[①]之类的许多大企业，在1992年就曾力图争取法律允许私企自己发电。千千万万个中小型企业拭目以待，希望政府推动改革，开放墨西哥的能源领域，让其与私企合作，与私企竞争。这些最终在2013年11月都实现了。

恩里克讲话的时候，奥巴马总统手托着下巴，认真地听着，偶尔会浏览一下自己的记录，还时不时地跟他的顾问们轻声低语。

美国有两个部门有意与优化能源公司合作，分别是美国海

① 墨西哥垄断企业。——译者注

外私人投资公司（OPIC）和美国进出口银行（EXIM）。这两个机构主要是为美国创业者和海外公司改善企业环境，创造机遇。优化能源公司曾提出方案，解决了墨西哥金融、安保、可持续发展方面的各种问题，结果很令人信服，还提出了迂回策略应对墨西哥的垄断。

奥巴马的顾问团队希望总统离开墨西哥时能够取得圆满成果，以夯实美墨关系。在美国机构与投资者、企业家之间，恩里克这类中间合作伙伴就能提供这种机遇。另外，奥巴马总统也看到了一个在气候变化问题上取得进展的机会。奥巴马曾倡导并强烈要求，将降低美国的温室效应作为重大政策问题。他确信，要降低温室效应，得先从国内能源消耗入手。跟墨西哥在节能项目方面的合作，能帮助他实现这个目标。

临走时，奥巴马总统跟恩里克和其他创业者一一握手道别，这也让恩里克在优化能源公司如何细化新兴市场的问题上重拾信心。优化能源公司灯饰工程的投资人之一——美洲投资公司（IIC）[①] 已背弃承诺，不愿意提供 600 万美元的信贷资金。现在有可能与美国新合伙人合作，这让恩里克大受鼓舞。要在墨西哥的大企业里面找到一个合作伙伴，比找到一名投资人要难得

① 实际是一家发展银行。——译者注

多。除非是为了生存，墨西哥人是不愿意创业的，恩里克只能单枪匹马地奋斗了。恩里克从自身经验知道，成功通常是由一大群人——一个团队或群体的合作创造的。他的经验总结与巴基斯坦的莫里斯·拉赫曼的结论一样。

• • •

恩里克在蒙特雷市长大，蒙特雷市到德克萨斯有一个小时的车程。他的父亲也叫恩里克·戈麦斯·洪科，是一名新闻记者，20 世纪 70 年代定居蒙特雷市。老恩里克曾经是墨西哥城家族企业《北方日报》（*EI Norte*）的员工。企业的管理改革与家族争斗周而复始，没完没了，老恩里克不得不离开。他不愿意周旋于墨西哥城庞杂的官僚主义圈子，也不愿意跟冷酷、热衷拉赞助的私营企业打交道。于是，他只身前往北方的蒙特雷市，在他的协助下，创办了《每日新闻报》（*El Diario*），也就是今日墨西哥的《千禧报》（*Milenio*）。老恩里克成了小恩里克职业生涯的楷模。

自 20 世纪中叶以来，蒙特雷市成了墨西哥最活跃的商贸中心之一。尤其是 1965 年在自由贸易区建起了美墨联营工厂和其他许多工厂之后，因与美国相邻，许多墨西哥企业和外企都选择在那里开店。因为廉价的劳动力和低廉的比索币，美国公司争先恐后地来这个地方建厂。这给人一种错觉，好像蒙特雷就是美国中西部地区的一个小镇。不像墨西哥城，蒙特雷市没有宽敞的林荫大道，广场上也没有精心装置的喷泉和陶瓷雕塑。相反，碟形卫星天线放置在平房顶上，与大大小小的窗户相映成趣，形成一幅斑斑点点的画面。由于蒙特雷市不是一个适合步行的城市，人们通常去商店买东西或去快餐店吃饭都会开车去。

自新千年开始，蒙特雷已经转变为墨西哥最前沿的科技中心之一。几年前，贩毒集团还没有腐蚀这个城市，蒙特雷还能与北方制造业规模较大的瓜达拉哈拉市（Guadalajara）相抗衡，并有希望成为墨西哥的硅谷。当然，这也是在蒙特雷理工学院（Technológico de Monterrey）的帮助下，蒙特雷市才有这样的名望。合格的管理人才和员工被当地的一批企业一抢而空，以填补更高级别和更专业的岗位。之后，他们就开始办学。蒙特雷理工学院前身是 1943 年建立的一所技术职业学校，为墨西哥企业培养人才，现今已成为创业和商贸教育的中心。硅谷有斯坦福商学院，波士顿有麻省理工学院，以色列有以色列理工学院，蒙特雷理工学院正努力在墨西哥获得同样重要的地位。

蒙特雷理工学院为整个国家的 25 个城市提供本科教育和研究生教育，此外，它还有一所附属高中。1989 年，蒙特雷理工学院成为拉丁美洲第一所连接到互联网的高校，在提交专利申请方面遥遥领先，并且在海外扩建分校，最近还在中国设立了分校。它培养了一大批顶尖商务人士，后来成为墨西哥西麦斯集团（墨西哥第一大水泥企业集团）总裁的拉诺·桑布（Lorenzo Zambrano）就毕业于蒙特雷理工学院。眼下，蒙特雷理工学院正一心一意地鼓励创业。

恩里克高中和大学都在蒙特雷理工学院上。1986年，刚拿到本科学位的恩里克加入了一项学校牵头的创业试水项目，这件事改变了他。

终其一生，恩里克都认为需求推动创业，这也是他在墨西哥亲眼看到的。人们开店，买卖货品，其目的就是获得一份收入。对他们来说，创业只是面对失业和贫困的一种自然反应，他们并不关心发展、投资、创新和规模等问题，他们只关心是否能够养家糊口。

在蒙特雷理工学院的试水项目中，恩里克发现了由北方美国佬发起的一条不同的创业道路，其创业驱动力是发明和创新，这带来了突破性的创新和具有全球竞争能力的产品和服务，还创造成千上万的就业岗位和好几百万美元的创收。创业貌似就是美国人发展动力的源泉。

恩里克此前从未想过要创业。像墨西哥的许多毕业生一样，他期望找到一份坐办公室的工作。这也是所有墨西哥人的梦想。在蒙特雷理工学院学习创业的一年中，恩里克经常思考，如果他创业会是什么样，如果墨西哥的年轻人都跟他这样做，会产生什么后果。恩里克知道，创业能创造就业机会。这正是墨西哥所需要的。他想得越多，就越想创业。然而，在时间的掌控上，他还不成熟。

在20世纪80年代后期，墨西哥的经济仍然十分封闭，在苦苦挣扎。早期发起的改革在近10年都以失败告终。1982年，墨西哥公共财政短缺，几百万人生活陷入贫困。

不过，恩里克在参与蒙特雷理工学院创业试水项目的那一年中认识到，机遇往往在经济低迷艰难之时诞生。莫里斯·拉赫曼在巴基斯坦也学到了这一点。迪士尼、联邦快递、通用电气、美国国际商用机器公司（IBM）和微软都是在经济不景气的时代起步的。比如说，通用电气的创建正好遇到1873年的经济恐慌。尽管它最终进了道琼斯工业平均指数（Dow Jones Industrial Average）名单，也是12个原始公司中进入名单的公司之一，但在早期，通用电气能否幸存下来却是不确定的。当时，“电气”是个新概念，它的用途和缺陷还没有得到检验和勘察。

在20世纪80年代后期，恩里克第一次听说替代能源这个新领域。再往前退10年，即1974年，《时代》（*Time*）周刊曾刊登过关于气候变化的报道。1975年，华盛顿的美国国家科学院（National Academy of Sciences）发起了一项重要研究，主要针对全球气候变暖和温室效应。科学界的讨论都围绕地球不断上升的温度和大气层的破坏展开。改革者对太阳能、风能，甚至别的生物能源之类的自然能源的利用，也无比好奇。

利用替代能源似乎正好是可以获得发展的一个创新想法，尤其是在像墨西哥这些能源成本很高的地方，替代能源可以推动发展，吸引投资，扩大规模。从这个角度来看，恩里克将其看作一个商业机遇，而不是应对全球变暖问题或气候变化的机遇。环境问题不是他考虑的对象。

用电梯游说[①]的方式，恩里克走亲访友，向他们承诺，要在墨西哥创建第一家具备国际水平的太阳能公司。如果恩里克能够获得墨西哥企业的资金支持，他的公司就能够生产太阳能板，然后再向他们出售这些太阳能板。太阳能板是一种可以捕捉到太阳的辐射，并将其转化为能量的装备。恩里克发现，由于墨西哥对能源部门的国家垄断，墨西哥的企业在能源上付出了高昂的代价。太阳能板可以帮助他们降低成本，创造更多的就业岗位，带来可观的收益。

但事实并没有那么简单。制造太阳能板需要特制的部件和

① 电梯游说，是指乘电梯 30 秒到两分钟之内对产品、服务、机构及其价值主张的简短介绍。——译者注

资源，这就需要大量前期成本用于必备的采购。这也正是恩里克需要朋友和家人支持的地方。墨西哥银行是世界上管控最严的银行，它们给个体或者微小型企业贷款受到严格监管。直到20世纪80年代后期，墨西哥人才对天使投资、风险投资和种子资金有所了解。虽然，许多墨西哥的精英已经创办了家族理财室和家族投资基金，但他们并没考虑过向当地人的新创企业投资。

恩里克的朋友和家人经过考虑，认可了他的能源计划，决定给他投资创办优化能源公司，为此朋友和家人借给他好几十万比索。有了这笔资金，公司得到了迅速发展。如果恩里克只靠销售来赚取收入的话，不会有什么问题，但利用太阳能板发电的高昂成本，让潜在的客户望而却步。当时，用太阳能板发电的成本是156.9美元每兆瓦小时，这要比99.6美元的煤电成本高，也比65~132美元的天然气发电成本高。

问题还不止这个。在夜间或白天阴天时，太阳能板的产电能力急剧下降。为解决这个问题，太阳能板必须配合发电机或者电池才能够储存电能。在20世纪80年代后期，这些电池售价要成千上万美元。这让优化能源公司很难说服普通墨西哥人出这笔钱，因为大部分人的生活接近或已经进入贫困线，墨西哥的大部分企业难以保持开放的姿态去吸引投资。许多美国的太阳能板生产商的尝试都以失败告终，恩里克的优化能源公司却获得了成功。他坚持销售太阳能板 10 年，其成功的关键在于酒店。

• • •

创办优化能源公司之后不久，夏天一次去海滩的家庭旅行途中，恩里克突然想到要专门做酒店的生意。在发展自己企业的同时，恩里克不断听到墨西哥的商企人士讨论降低能源开支的问题。还有人问恩里克，能否帮助他们降低能源开支。

恩里克坐在沙滩上，看着妻子与儿子和两个女儿在太平洋边嬉戏，想起了大家抱怨运行机器的高昂成本问题，又想到了净化空气的备选解决方案。他突然想到，他身后铺满栈道的那些酒店，可能面临着同样的问题，尤其是空调（耗电问题）。恩里克回到他和家人住的酒店，就开始向酒店咨询。

和制造业与石油一样，旅游是墨西哥最大的产业之一。恩里克经过了解，得知墨西哥的酒店确实在空调、照明、冷藏和供水上投入很多。恩里克向酒店提出一套解决方案，以帮助酒店在这些项目上节省开支。由此，酒店就成了他公司的重点发展对象。度假结束后，恩里克很快就着手实施他的新计划。

他把董事会的成员召集在一起。在大多数新创公司，创业者忙于打拼事业，董事会基本上都是事后诸葛亮。当然，董事会作为一个团体，如果适时组织起来，还是能给首席执行官和公司提供必不可少的指导和支持的。在蒙特雷理工学院学到的知识让恩里克明白，董事会可以弥补作为创业者和创始人的他无法弥补的缺陷。在恩里克实施他的新计划之际，优化能源公司董事会就可以给他提供最优的建议，以弥补自己在这方面的缺陷。董事会建议恩里克将优化能源公司（Optima Energia）重新命名为“最佳能源公司”（Optimum Energy），然后招聘工程师和设计师，以帮助恩里克研发节能方案。

这个方法在一段时间内就见效了。恩里克跟几十家酒店签订了协议，包括丽思卡尔顿酒店（Ritz Carlton）、希尔顿酒店（Hilton），还有在阿卡普尔科市（Acapulco）、坎昆市（Cancun）、洛斯卡沃斯市（Los Cabos）、普埃尔塔瓦亚塔市（Puerta Vallarta）和图伦市（Tulum）的欧姆尼酒店（Omni）。这一次，他为酒店提供了缩减能耗成本的全套解决方案。

酒店的能源支出开始下降，最多的时候下降了 50%。优化能源公司也开始获利。经过 10 多年的努力，恩里克为他的客户大概节约了 4.5 万立方米的水、6 400 万千瓦的电、880 万升的天然气以及 1 180 万升的柴油，总共节省超过 1 570 万美元，他的公司也有近 1 000 万美元的创收。投资者开始主动找上门来。在投资者们的支持下，恩里克继续为客户推出新产品，包括 24 小时的电脑检测系统。

我参观了优化能源公司，它的办公室由橘、灰两色装饰而成。期间，恩里克带我观摩了他的监测系统室。这间房子有中央视频调度室两倍大，我猜想，也或许是国家安全局总部的两倍呢。玻璃墙上和天花板上挂着许多屏幕，每个屏幕显示着饼状图、柱状图和各种数字。这个系统监视空调、水压的运行状况，还监测各个酒店的电力供应数据。

数据对优化能源公司的业务很重要。随着云计算的出现，像优化能源公司这一类能采集能效数据的企业越来越显露出其价值。恩里克告诉我："我们制作这个系统，是为了便于我们兑现承诺。"在该系统的帮助下，优化能源公司可以追踪每家酒店的用水和用电状况，然后根据这些数据为酒店制订节能方案。

但是，从 2008 年到 2009 年，事情就发生了变化。墨西哥受到了 2008 年的华尔街金融危机的负面影响，2009 年全球肆虐的流感（即严重急性呼吸系统综合征，也就是所谓的 SARS）在整个墨西哥蔓延，重创了旅游业。打算到墨西哥过冬的美国人和加拿大北方地区的人都取消了度假安排，各大酒店空空如也，员工无所事事，优化能源公司也就没了收入。

墨西哥首富卡洛斯・斯利姆的金融公司英博沙（Inbursa）是恩里克的投资者之一，鼓励恩里克扩大他们的影响力，恩里克的董事会也赞成这样做。节能产业的市值接近 2 000 亿美元，再过 10 年有可能发展到 3 500 亿美元。因为目前气候变化也是一个非常重大的问题，在过去的 10 年里，新兴市场贡献了 90% 的总温室气体。自工业化和新兴市场崛起以来，温室效应越来越受关注，且关注度成倍增长。

越来越多的温室气体排放到环境中，影响了食品生产、健康、基础设施和饮水供给。根据联合国数据显示，自 1850 年以来，全球温度已上升近 0.85 摄氏度。“全球变暖”正危害着庄稼，加剧了疾病，还引发了灾害性天气——“超级风暴”。2005 年，飓风卡特里娜袭击了美国的新奥尔良，造成了 1 080 亿美元的损失；2012 年，飓风桑迪袭击了康涅狄格州、新泽西州和纽约，造成 500 亿美元的损失。

为了应对气候变化，目前西方领导人，尤其是美国和德国的领导人，正想办法降低对石油和天然气等矿物燃料的依赖。为了减排，他们给汽车、工厂、电厂、车间等制定了更为严格的能效标准。随着越来越多的人涌入城市，市长们也正在推行“绿色环保城市”。愈加严厉的监管，使得人们不得不将稻壳和动物粪便转化成生物燃料，同时在海岸线上建造风车，不断装置设备以获取太阳能和热能。

当然，要在节能及相关的洁净技术领域里取得成功，没那么容易。因为这两个行业都很难带来丰厚的投资回报。事实上，一大批洁净技术新兴企业都以失败告终。最典型的就是美国太阳能板制造商桑德拉（Sondra），拖欠了政府贷款 5.35 亿美元。

不过，许多硅谷的创业者和风险投资家仍旧特别看好替代性能源。太阳微系统公司（Sun Microsystems）的合伙创始人维诺德·科斯拉（Vinod Khosla），已为他的风险投资公司科斯拉创投（Khosla Ventures）筹集了好几笔“洁净技术”基金。已向亚马逊公司和谷歌公司投资的风险投资公司凯鹏华盈（Kleiner Perkins Caufield & Byers），其合伙人约翰·杜尔（John Doerr）说：“绿色环保或许是 21 世纪最大的经济机遇。”他的风险投资公司已给从事替代能源开发的新创公司投资 2 亿美元。

合伙共建贝宝的南非创业者埃伦·穆斯克（Elon Musk），对洁净技术很感兴趣，他冒险给电动汽车投了资。美国特斯拉电动汽车公司（Tesla）和房顶太阳能板生产商太阳城（Solar City）动员投资者，要更多地支持那些致力于创新生物燃料、电力、太阳能和风能开发的新创公司。2013 年，美国的太阳能项目拿到了 130 亿美元的投资。

金融公司英博沙的投资人鼓励恩里克，要用创新思维应对节能问题，除了创新和制度建设，还要缩减成本。他们还劝告恩里克别一门心思只为客户和企业着想，要从大处着眼。为了让墨西哥的市政当局恢复生气，卡洛斯·斯利姆也做了一系列的投资。英博沙投资人告诉恩里克，市政当局已在路灯等公共设施的建设上投入了资金，还劝说恩里克与墨西哥的 31 个市政府合作，以帮助政府在路灯的建设上找到省钱的方法。

• • •

对墨西哥人来说，能源是个郁结。以石油为例，石油巨头墨西哥国家石油公司已是墨西哥主权和稳定的象征。小学教材将 1938 年石油工业的国有化描写为国家最重大的历史事件之一，重要到将每年的 5 月 18 日设为法定假日来纪念。还有一首赞美歌，歌词写着石油“拯救了我们的祖国”。

电力也同样得到大家的重视，虽然大家可能没有这么高涨的热情，但它们都是国家的财富。进入新世纪之前的 10 年，恩里克发现墨西哥不能再墨守成规了，全球化已经将全世界的消费者和市场连接在一起。1994 年由加拿大、墨西哥和美国制定的北美自由贸易协定（NAFTA）去除了贸易关税，打破了贸易壁垒，墨西哥的经济被重新定向，从而得以走向国际。北美自由贸易协定将墨西哥市场纳入全球体系，这给墨西哥带来了积极的和消极的双重影响。

墨西哥的经济曾经一度脱离农业，走向工业化。现在，残酷的竞争加上北美自由贸易协定给墨西哥市场上泛滥的农产品发放补助，这让墨西哥农民悲惨的处境雪上加霜。面对低价的豆子、玉米、谷物、牛奶和糖，墨西哥农民毫无竞争力，近 130 万的墨西哥农民失业。不过，因为墨西哥的劳动力低廉，美国制造商急切想扩张墨西哥市场，这给墨西哥增加了好几千万的岗位，使墨西哥从中受益。

北美自由贸易协定增加了墨西哥的国外直接投资，在协议实施之后的前 15 年中，投资额达到了 1 500 亿美元。这推动了墨西哥私营企业扩张，也推动了墨西哥的跨国公司开办工厂——它们生产从衣物、汽车到日常消费品的各种东西。这样，墨西哥的出口增长了 4 倍。包括更多的高效能源生产、竞争，或是打破墨西哥垄断企业在内的一系列变量因素，最终造就了眼前的这个繁荣局面。恩里克清楚，其中高效能源的生产制造，不是由国有企业单独提供的。

虽然，墨西哥已成为拉丁美洲最大的出口商，经济飞速发展，出口成倍翻番，但正如墨西哥政策研究学者夏侬·奥尼尔（Shannon O'Neil）在其著作《不可分割的两个国度：墨西哥与美国前方的道路》（*Two Nations Indivisible*：*Mexico*，*the United States*，*and the Road Ahead*）中所指出的："不论出口量将整个经济实力提高了多少，墨西哥的出口仍旧远远低于巴西等国家，甚至只有美国的一半。"她还坦言，因为国家缺乏市场竞争，其结果只能更糟。墨西哥从不断增长的出口中创造财富，但这些财富却流入了少数精英的口袋，而大多数的民众却没有受益。

“大家不信任墨西哥社会和市场政策，我们不太理解这对一个功能健全、企业和消费者都能从贸易中受益的市场体系意味着什么。”爱德华多·佩雷斯·莫塔（Eduardo Perez Motta）跟我这样说。2004—2009 年，莫塔一直是墨西哥联邦竞争委员会（CFC）主席。墨西哥领导人在 1993 年成立了墨西哥联邦竞争委员会，目的是为了消除垄断和“其他对市场效率的限制”。莫塔在任期内一直努力实现这一目标。

莫塔告诉我：“研究墨西哥没有达到预期发展速度的原因，你会发现，并不是因为缺少资金或资源，如人力资本和物质资本。主要原因是生产力的问题——没有最有效地利用能源。”

随着全球化的到来，各个国家都积极参与，彼此合作。墨西哥领导人开始重新考虑策略，来管理那些尾大不掉、自私自利、缺乏竞争力和创新力的企业。墨西哥没有苹果一类的产品，也没有脸书或谷歌一类的社交媒体。

在过去的 10 年中，墨西哥领导人借助市场来帮助新创公司增值，提高效率，确保墨西哥可以在世界舞台上占有一席之地。但在政府和垄断企业中，仍旧有这样那样的因素抵制现状的彻底改变。恩里克等创业者切身体会到，或许垄断集团愿意做出一些改进，但他们绝不愿意放弃垄断。恩里克在阿卡普尔科市的经历就是一个明显的例子。

• • •

法兰克·辛纳屈（Frank Sinatra）带着他的鼠帮乐队（Rat Pack），在拉斯维加斯和好莱坞与阿卡普尔科之间来回奔波。阿卡普尔科市在墨西哥西海岸，是 20 世纪五六十年代富贵名流渴望去的地方，人们经常会在杂志封面和电影中看到这里的景色。伊丽莎白·泰勒（Elizabeth Taylor）、约翰·韦恩（John Wayne）、碧姬·芭铎（Bridget Bardot）和拉娜·特纳（Lana Turner）① 都是阿卡普尔科航班上的常客。还有美国的议员，即后来的总统约翰·肯尼迪，曾在 1953 年 9 月带着他的新婚妻子杰奎琳·布维尔（Jacqueline Bouvier）去墨西哥海滩度假胜地度蜜月。另一位民主党总统比尔·克林顿，也曾带他的新婚妻子希拉里·罗德姆（Hillary Rodham）去阿卡普尔科度蜜月。

到 20 世纪 70 年代中期，笼罩着这座城市的人间天堂光环因过度开发而不见了踪影。昂贵的度假胜地夹杂着廉价的汽车旅馆，招来了不三不四的人，最终连贩毒分子也发现阿卡普尔科是一个向海外转移毒品的理想之地。城市里许多路灯都不管

---

① 伊丽莎白·泰勒、约翰·韦恩和拉娜·特纳是美国电影演员；碧姬·芭铎是法国电影演员。——译者注

用，阿卡普尔科市政又无法提供统计数据，依据恩里克的统计可知："4.5 万个路灯中，就有 1.8 万个不管用。"

墨西哥联邦政府和阿卡普尔科市政官员双方都在努力改变这个城市遭遇的厄运。墨西哥旅游局在阿卡普尔科市又增加了民航班机，还为进出阿卡普尔科市的铁路干道投资。

最近，为帮助阿卡普尔科市复兴，卡洛斯·斯利姆也投了资。他的投资项目重新回到了包括当地交通在内的基础设施建设上。他还鼓励银行给穷人贷款，并承诺筹集资金修建新的酒店。

恩里克和他的团队已选择将阿卡普尔科市作为首个试验点，来试验他们勤苦研发的新路灯。他们联系了阿卡普尔科市领导，并与之达成协议——允许优化能源公司出资几百万美元投入路灯项目。公司还跟墨西哥其他几个市政府签订了合同，协定优化能源公司要为市政府出资租用节能灯，并要求，10 年内必要的时候安装灯柱，之后，市政府将负责路灯的建设和维护。

投资路灯项目，需要大量的资金，金融公司英博沙已出资一部分。优化能源公司为了扩大规模，它还必须继续在其他城市扩大范围，恩里克公司本身也需要更多的资金。他联系到了美洲开发银行（IADB）的成员泛美投资公司（IIC），该公司主要帮助拉丁美洲和加勒比海地区发展私企。为此，泛美投资公司加大了贷款和拨款的额度，还加强了对中小型企业的技术支持和研究。

在2010年，恩里克曾与世界银行的投资分支机构国际金融公司（IFC）有过合作。国际金融公司同意给优化能源公司1 000万美元的贷款，支持其降低酒店能耗和碳化物排放的项目。

优化能源公司被大家所熟知，是因其获得的各类奖项、媒体曝光率、各种成员身份，以及创建的“奋进的墨西哥”（Endeavor Mexico）。“奋进的墨西哥”是一家培养全球具有影响力创业者的非营利组织，是纽约总部的分支机构。泛美投资公司是一家跨国银行，恩里克就联系了泛美投资公司，受到了对方的欢迎。优化能源公司扩大了包括公共项目在内的业务范围，泛美投资公司的董事会对此异常兴奋。董事会想和优化能源公司开展一个项目，项目目标明确、利益多。路灯可以提升安全感，安全感又可以让人充满信心，安全感和信心是任何动荡的经济体都需要的两个关键因素。

负责优化能源公司账目的投资官员戈尔迪·谢尔曼（Goldie Shturman）这样告诉我：“通常情况下，评估区域的金融影响力和发展影响力，两者当中，一个得分高，那另一个就不可能高了，而优化能源公司在金融影响力和发展影响力两方面排名都靠前。”结果，在泛美投资公司几个委员的建议下，项目就轻松通过了。泛美投资公司毫不犹豫地同意给优化能源公司提供技术支持，以落实可行性研究。他们还同意为优化能源公司提供600万美元，支持其公共路灯项目，这个数目是信用贷款的最高额度。这笔信贷涵盖了阿卡普尔科市和其他墨西哥城市的项目。

不过，泛美投资公司从不扩大信贷力度。在咨询完墨西哥电力公司的官员后，他们就退出了，说他们不想再继续推进这个项目了。不论是在阿卡普尔科市还是别的地方，高效的节能路灯可以节约市政的钱款，但同时也在无形中缩减墨西哥电力公司的收入。泛美投资公司临时变卦，还用一些令人费解的声明掩盖其行为，说墨西哥当地银行可以如何如何地为优化能源公司提供信贷。麻烦接踵而至，即使是在泛美投资公司没有放弃这个项目之前，也没有一家商业银行能为优化能源公司提供信贷。恩里克说："我们也很难说清楚美洲发展银行[①]为什么要退出。"这极大地影响了公司筹集必备资金以获得继续发展的能力。

• • •

在恩里克与奥巴马总统的会谈中，奥巴马希望能够创建一个委员会，以致力于美墨在能源项目上的合作，尤其是那些可持续性强、效能高的项目，还有那些很难寻求资金和技术支持

① 指泛美投资公司。——译者注

的项目。之后，委员会的唯一任务就是一步步评估这些项目所需要的资源。毫无疑问，优化能源公司具备这样的投资资格。

2013 年 9 月，美国海外私人投资公司（OPIC）挺身而出。它竭尽全力支持恩里克和优化能源公司，开始严格评估给墨西哥 5 处路灯项目的 5 000 万美元担保贷款。美国海外私人投资公司指出："通过给墨西哥市政提供高质量、高效能的公共照明设备，会对经济发展产生积极影响。公共照明质量和可靠性的提升，可以营造更加安全的社区，也增加了晚间商业活动，这对当地经济有利。"

此后，优化能源公司没有停止发展的脚步，又在其他 6 个城市开展了路灯项目。这些项目获得了来自当地银行和包括一个位于芝加哥的风险投资公司正北公司（True North）在内的其他国际资金的支持。这是一个引人注目的成就。正北公司是由麦克·阿赫恩（Mike Ahearn）创建的，其总部在亚利桑那州，麦克·阿赫恩还是纳斯达克上市的第一家太阳能公司的合伙创始人。他曾说过，他这么做是因为他认为"颠覆性"领域的新创公司需要专业的指导，比如替代性能源领域。根据恩里克的观点，这也正是风险投资公司要做的事。"他们让我工作更卖力，去面对我以前认为不可能的事；他们也帮助我看事要从大处着眼。"恩里克这样对我说。

恩里克已成长为墨西哥的“大”思想家之一，面对成功，他泰然自若。他的优化能源公司经住了墨西哥政治和经济波动的考验，想尽办法克服了墨西哥电力垄断集团挡在面前的各种困难。与土耳其的布莱特·塞勒比、尼日利亚的塔约·奥维苏和巴基斯坦的莫里斯·拉赫曼尤为相似，恩里克·戈麦斯·洪科也是通过培养人才和孕育文化，并重视管理才走到今天的。

很有趣的是，恩里克为优化能源公司组建的董事会也起到了关键性的作用。意识到在墨西哥做成一件事有多么困难、多么耗时，恩里克召集了各有所长的各路企业家，为公司打开了很多门道，完成了许多交易，他们才是优化能源公司的功臣。罗伯特·杰米（Roberto Jaime）是一位退休的墨西哥企业家，也是优化能源公司的董事会成员，他告诉我：“恩里克过去一心只扑在自己的事业上，目的就是推动企业发展。”吉米发现，对一名创业者来说这是很难的。创业者的天性决定了他们凭本能行事，而不是听取指示。然而，正如吉米所指出的，为了让企业扩大规模，创业者再也不能陶醉在冒险和思考之中，需要做出规划、想出策略。即便是像吉米所说的那样，这对恩里克来说一直都很难，但他还是做到了。现在优化能源公司已成为一个拥有数百万美元资产的公司，发展前景良好，甚至在国外发展得也不错。该公司正考虑进军中美国家。

第四章

巨人戈利亚斯和大卫：竞争与互惠

• • •

眼下，墨西哥正在国内推广改善能源供应和能源利用的方式。2013 年 12 月 11 日深夜，曾为墨西哥总统恩里克 · 培尼亚 · 涅托竞选和任期打下基础的能源改革法案，最终进入了立法程序，并获得通过。培尼亚 · 涅托是革命制度党（IRP）的领导人，为了确保法案通过，曾与反对党国家行动党（PAN）合作。尽管自 20 世纪 80 年代后期以来，两个党派陷入长期的激烈政治对抗，但在打破能源、电信以及电视广播垄断这件事上，他们团结一致。双方都认识到，墨西哥的繁荣依赖具有竞争力的市场，因此，他们同意求同存异，精诚合作，以增强国家竞争力。

这些改革策略可以与 20 世纪 90 年代初期为泰迪 · 罗斯福（Teddy Roosevelt）赢得美国总统任期的"取缔托拉斯"（trust busting）政策相媲美，很可能赢得几十亿美元的投资，为墨西哥的年收入增加高达两个百分点。

培尼亚 · 涅托总统曾这样说："竞争解放了投资和创新，加快了经济和社会发展。"

投资者也都注意到了这一点。自 2008 年以后，当时巴西、欧洲、中国和以色列的创业投资呈下降趋势，但对墨西哥新创公司的投资却不断攀升。2012—2013 年，墨西哥的投资翻了一番。2013 年，该地区的创业投资领头羊拉丁美洲创业投资协会（LAVCA）实行“记分卡”方法，在墨西哥创业活动中彰显出了强大的推动力。拉丁美洲创业投资协会注意到，自 2010 年以来，墨西哥的创业投资逐年稳定增长。2010 年，墨西哥新创企业为通过 19 宗交易筹集到 2.11 亿美元；2011 年，为 22 个项目筹集到 4.59 亿美元；2012 年，为 21 个墨西哥企业筹集到 6.84 亿美元。

在我去蒙特雷市拜访连续创业者赫略·多斯·桑托斯（Rogelio dos Santos）时，他在办公室告诉我，墨西哥的金融改革是关键。桑托斯是墨西哥的阿尔塔投资公司（Alta Ventures）的合伙人。他还说，墨西哥需要“让资金流动起来”。截至 2000 年之前，能源、通信和食品工业领域的垄断集团没有任何投资。竞争力几乎丧失殆尽，财富集聚在极少数人手里，而不在大多数的老百姓当中流通。桑多斯说：“我们需要做 1978 年美国风险投资行业所做的事，我们要让墨西哥人的存款为私营企业发挥作用。”

在整个 20 世纪 90 年代到新千年年初，这些投资带动了一系列的政府改革和创新。没有什么比 2004 年改制允许用养老基金来投资这件事更重要了，养老基金可以用来投资各种资产，如债券、有价证券、股票，甚至是风险投资基金。改革后不久，这一类资产就迅速增长。2006年，政府发行了自己的基金内基金（Fondo de Fondos）[①]，主要被用作私募基金的载体，它已帮助许多投资者筹集到了种子基金并发展成了创业基金。

费尔南多·莱罗（Fernando Lelo）是创业协会（Venture Institute）的共同创始人，名为创业协会，实际上是一家孵化中心和种子基金，位于墨西哥城。依据费尔南多·莱罗的观点："我们正处于脆弱阶段。未来几年，我们要做出成果来巩固这类资产（创业资本）。"他还告诉我，这虽然是一个"数字游戏"，但绝不是随随便便的数字。

"在墨西哥，我们对一般数字都不感冒。我们投资者要玩就要玩点不一样的；我们要玩多次一垒打，而不是全垒打[②]。"他这样说。

不是全垒打，而是一垒打让墨西哥转型成了拉丁美洲的一匹黑马。巴西所有的一切，包括创业和投资，都是以拉丁美洲国家的身份起步的。与巴西不一样，在政府层面和投资者方面，墨西哥都有条不紊地采取渐进的步骤改革。更重要的是，墨西

① 基金内基金，指在其他信托基金内购买股份的信托基金。——译者注

② 一垒打和全垒打都是棒球术语。一垒打就是击球员击出一只安打（没有被防守队员在球落地前接杀的球，或者落地后接住没有传回垒包的球），然后安全上到一垒的意思。全垒打，是指击球员将对方来球击出后（通常击出外野护栏），击球员依次跑过一、二、三垒并安全回到本垒的进攻方法，系棒球比赛中非常精彩的高潮瞬间。——译者注

哥在致力创建投资者可以信任并能从中获益的生态系统。世界银行的《商业环境报告》(*Doing Business Report*)将墨西哥排在商业环境易操作性测量表(scale of ease of doing business)中的第48位，相比之下，巴西位列第130位。

在本书所描述的7个国家中，墨西哥在努力打造成一个创业中心，并且最被看好，因此，占本书最核心的位置。或许，包括价值数十亿的“独角兽”① 中的大多数在内，中国炮制了大量的新创企业，而墨西哥则拥有前景广阔的创业生态系统。政府以及私企各个层面的墨西哥人正努力加强激励措施，改善政策，这样就能够鼓励创业。他们筹集了资金，打造了合作平台，展开了创业教育，创建了指导网络，完善了法律。

《纽约时报》专栏作家汤马斯·佛里曼(Thomas Friedman)访问墨西哥后不久，就对墨西哥得出了同样的结论。他写道：“在印度，人们问你关于中国的事；在中国，人们又问你关于印度的事，哪个国家将成为21世纪更强大的经济体？现在我有了答案，那就是墨西哥。”

不过，很难保证这些预言能成真。

恩里克在创业之初就清楚地知道，摆在他面前的困难就是

① 喻指中国新创的大型公司。——译者注

他对这个国家的行业知识知道得太少。他明白，自己不能坐享其成。他父亲就是主动出击的。他在蒙特雷理工学院了解到的美国创业者也没有坐享其成。“前进不像受检阅的部队，可以大踏步地向前迈进；而只能像游击队那样，匍匐前进。”迈克尔·路易斯在他的著作《新新事物》（*The New，New Thing*）中描述吉姆·克拉克（Jim Clark）的故事和网景（Netscape）的崛起时这样写道。网景公司是硅谷早期的技术创业公司之一。恩里克一步一个脚印，缓慢前进，发现了一些别人未曾发现的东西，过程真是艰难。尤其是在当今竞争激烈的市场中，大家都急于想打造出比脸书、谷歌和优步更好的产品。事实上，在硅谷和纽约的硅巷（Sillicon Alley）听见 20 多岁的人聊他们创办了“优步”等之类的新创公司，再常见不过了……确定差距，找到痛点，之后需要耐心、钻研和时间将其一一攻破。墨西哥的垄断集团竭尽所能给创业者出难题，但这并不可怕，可怕的是这会阻止许多人走出自己的舒适区，麻痹他们干“大事”的斗志，以及固守永不改变现状的心态。

这也是我在孟买采访印度创业者夏菲·马瑟时，他教会我的东西。

From the Other Side of the World

第五章

“一点小意思”：杜绝腐败

你认真做事，有人满意，有人却惊奇。

——马克·吐温

孟买和新德里

2005年年初的一个早上，孟买国营电信公司大厅里，光线昏暗，地面和墙上散发出阵阵霉味。穿着有领衬衫的中年官员们，像往常一样坐在办公桌后面，他们的将军肚被深深地隐藏在桌子后面，桌子上堆满了橡皮印章和文件，有些已微微发黄。夏菲·马瑟走进电信公司办公室，感觉就像穿越了时光隧道。他很想转身离开，但还是忍住了。

夏菲此行来到马汉那加电话有限公司（MTNL）一间破败的办公室，就是为了实现改善印度混乱的公共服务的梦想。夏菲和律师带来了一份筹备救护车服务的计划。律师瘦高个，戴着金丝框眼镜，前额发际线后移，有点轻微的上包齿。夏菲认为救护车服务能救死扶伤，同时，这还是一个有助于推动医保及让印度走向现代化的新创领域。

夏菲脑子里想着这事，挤入人群中，穿过了大厅。他提醒自己，他所要的无非就是卫生部那些官员每天发放的东西——

一个电话号码。夏菲走近了一张貌似接待处的桌子，过了大半天，桌子后面的一位男子才注意到他。

他说："我正在筹备一家救护车服务公司，想注册一个好记一点的电话号码，这样，病人和伤员在遇到紧急情况时就可以呼救。"

孟买市每天都会发生一两起意外事故或紧急情况——有人掉下屋顶了，孩子被车撞了，女人疼痛难忍，老人心脏病突发。在西方国家，人们打电话叫救护车非常方便。可是到目前为止，这难以在孟买或者印度的其他城市实现。印度各个邦的政府的首要任务便是去呵护它12亿的公民，事实上，印度29个邦中却没有一个邦有急救电话。

夏菲和他的4个朋友打算填补政府忽略的这一空白领域。他们几个都30多岁，经济宽裕，其中有律师，有投资客，还有市场主管，就是没一个社会活动家，也没人有医疗或公共服务方面的知识背景。他们跟大多数同龄人一样，有社会良知。因为良知和他们个人对应急护理重要性的体会，让他们开始关注救护车缺位的问题。他们认为，救护车不仅能提升印度的医疗水平，还能推动公共服务的改革，让公共服务以服务为宗旨，从而变得更有责任心，更值得信赖。他继续说着，而桌子后面的那位官员却对他冷眼相待。夏菲突然意识到，想拿到这个可以实现他梦想的电话号码看来比他预想的要难。

他猜对了。

“我们去哪边？”解释完他此行的目的之后，夏菲问道。头顶的风扇嗡嗡作响。“我该怎么办呢？”

“等着。”对方没好气地答道。

等待，不是几分钟或者几个小时的事，而是好几个月。夏菲往孟买电信公司办公室跑了许多趟，还是没能拿到一个免费的电话。他长途跋涉来到印度的首都新德里，这是他第一次到马汉那加电话有限公司新德里分公司。最后他又去了印度电信部。夏菲多次奔波，却一无所获，直到最后拿到部长的亲自预约，他才接到消息，他要的号码办成了。这是一个四位数的号码，1299。他原想要个三位数的号码，像美国使用的911一样，但这些三位数号码只供政府机构使用。夏菲别无选择，只能选择提供给私营机构的1251和1299之间的四位数字。想到这些和官员令人厌烦的推诿，他觉得这个号码顶多是一点点不便罢了。他能忍受这些，一辈子都能忍受。

不过，接下来的事是难以容忍的。

一天，夏菲去电信部看他申请的免费电话1299是否被批准，一名官员告诉他：“好消息！你的号码办成了。”夏菲如释重负地叹了口气。然后，他脑子想的全是他和他的同伴们如何继续推动救护车服务这件事。

他答道："这真是个天大的好消息！那我现在该做什么呢？"

"现在嘛，"这名官员重复着夏菲的话，"你要告诉我你们怎么来使用这个号码。"

注册免费电话号码是不收费的，这在电信部文书里明文规定，也是夏菲多次跑到电信部确认过的事实。但是，要想拿到号码，这名官员依旧希望夏菲支付他 20 万卢比（大约 4 000 美元）。这笔钱就成了他的"小费"。

不是他的"要求"吓到了夏菲，而是这个数目。因为在印度长大，所以夏菲对这个"要求"并不陌生，有人美其名曰"喝茶的零钱"，或是一个朋友口中的"一点小意思"。从某种程度上说，在印度，人人都想要"一点小意思"，事事都存在"一点小意思"。政府工作人员、修理工、房东、杂货店老板、街头小贩，从我个人的经历来说，甚至连出租车司机都想着从顾客身上多勒索几块卢比，或者从易上当受骗的人身上骗取一大笔。有一次，我乘坐出租车，除车费外，司机还要求我支付空调费，声称这是分开收费的。

印度的每个人都时刻准备将"一点小意思"用得登峰造极、毫无底线。这位官员索要 4 000 美元让夏菲望而却步。夏菲和那些意欲合伙创办救护车服务公司的朋友们达成过协议，他们

“要么用正当的方式创办救护车项目，要么就放弃”。贿赂是一条红线，不可触碰。

夏菲说：“这笔钱我不能出。”他向这位官员解释说，他们要开展的救护车服务项目前期需要大量的钱。这个项目需要一个大型的车队、汽油、医疗设备、广播，还有其他配合病人上下车必备的专业工具。此外，他还要培训员工，而他的资金很有限。此时此刻，救护车公司都还没打算要赚一分钱。

夏菲计划将救护车服务办成一项慈善事业，希望能帮助到像这位官员在内的人们。不同于利润雄厚的建筑业、采矿业、房地产、技术领域和药品行业，救护车服务本来就没钱可赚，甚至连赚钱的希望都没有。应急护理是烧钱的行当，夏菲创办这个公司，根本就没想过要“得到回报”。

夏菲问道：“即便是救一条命，不是也很值吗？”他想让这位官员信服，然后将问题化解。夏菲认为，这位官员肯定能够理解这些。此外，他还认为官员的贪婪也是有底线的。然而，或许是察觉到夏菲有特权背景，或许是怨恨夏菲的白领工作，这位官员仍然无动于衷。这位官员告诉夏菲，如果他不交 20 万卢比，他是不可能拿到申请到的免费电话号码的。

“我难以接受。”在一个湿热的 8 月的下午，我去他公司办公室拜访他时，他这样告诉我。他的公司在孟买市北边，开车大概半个小时到市中心。在一座大楼里，我们坐在一个狭小却嘈杂的地方交流。大楼孤零零地矗立在一排棚户区当中，棚户区房子的墙板用镀锡薄板做成，顶上蒙着蓝色的涂焦油防水布。

听到官员索要贿赂，夏菲站起身，茫然不知所措。“我还会回来的。”他给那位官员撂下一句，然后就走了出去。外面太阳灼热，空气潮湿，天空灰蒙蒙的。新德里市中心环岛路口挤满了汽车和黄黑相间的人力车，穿着电子光彩虹服的人熙熙攘攘。夏菲计划先回孟买时尚的办公大楼，当时他就在这里为印度顶尖集团信实工业公司（Reliance Industries）负责移动通讯方面的事务。他走了一段，努力平息自己的怒气，下定决心不出这笔贿赂款。

为了申请一个简简单单、供小小救护车创业公司使用的免费电话号码，居然要出 20 万卢比，这让夏菲明白拖印度公共服务后腿的就是腐败。腐败成了国家发展最大的障碍。夏菲觉得，这比应急护理的缺位威胁更大。

“贿赂和腐败的双方有求有供，”夏菲告诉我，“供应方主要是贪婪的公司、不道德的企业和那些倒霉的老百姓，需求方大多是政客和官员，还有那些对企业、公司和倒霉老百姓有点权限的小官员。”

只要这种供求关系存在，印度的公共服务将永远不会得到改善。事实上，夏菲意识到这也是印度公共服务没有走向现代化的根本原因。

夏菲和朋友们的社会良知还得扩散出去，不能只停留在抢救和护理受伤者及病患者上面，必须得拿印度的“一点小意思”开刀，打破贿赂的供需链。他们要做印度信息技术（IT）部门的泰坦（titans）[①]几十年前做过的事：构建一个拥有明确而又坚定的价值观的组织。

20 年前，有几个在印度私营企业中的印度人就是这样做的。平易近人、戴着眼镜的工程师纳拉亚纳·穆尔蒂（Narayana Murthy）便是其中的一个。1981 年，他向妻子借了 250 美元，创办了印孚瑟斯（Infosys）[②]，一个以信任为基础、专为国外客户承担业务处理和技术外包的公司。穆尔蒂的公司重视管理，重合同守信用，聆听顾客诉求，惩治贪污和公司财产私用的行为。现在印孚瑟斯已是一家拥有数十亿美元资产的公司，为印度创造了成千上万的工作岗位，并催生了一个行业，将印度变成一个技术领域的中心。

夏菲觉得要在印度公共部门灌输信任，就需要采取类似的做法。第二天，夏菲便返回电信部。

① 又译提坦，古希腊神话中天神乌拉诺斯与地神该亚所生之子，常比作巨人、巨物。——译者注

② 印度历史上第一家在美国上市的公司。——译者注

那位索要 20 万卢比贿赂的官员看到夏菲，对他说：“很高兴看到你回来！我希望你这次来是想通了。”

“还没呢。”夏菲答道。

“我明白了。”官员停顿了一会儿后说。他按数字 8 的形状摆了摆头，这是印度很常见的一个动作，意指“是”和“不是”，传达的意思就是要求对方感谢。“正好，好像你们申请的号码 1299 不能使用了，你们现在能选的是 1298 或 1297。”

夏菲选了 1298。夏菲告诉我：“我猜他（官员）认为 1298 这个号码不好。我们要让他看到，这个号码其实挺好。”夏菲和朋友将号码 1298 涂在他们所有的黄绿相间的救护车身上。然后他们跟大家聊在电信部所发生的事，并顺便谈到了应急护理。“这个号码不再只是供大家拨打的号码了。”他说。这成为他们新创企业的名号——“急救 1298”，也是一场推动印度杜绝“一点小意思”、走向责任的改革运动。

夏菲告诉我：“急救 1298 体现了我们对这种行为方式的零容忍。”

• • •

夏菲·马瑟的家在印度南方的喀拉拉邦，这是一个印度人类发展指数和平均寿命最高的地方，大批在职的官员都住在这里。2002 年的一个夜晚，他曾亲自体会到了印度没有 911 急救电话服务的后果。

一天晚上他回到家里，与妻子、女儿、父亲和兄弟姐妹一家人吃了母亲准备的晚餐。接近午夜时分，大家都去休息了。然而，门关上不久，大家就听到阵阵喊叫声。于是大家聚集在一起，原来是夏菲的母亲跌倒了，父亲跑出去求救。夏菲冲进父母亲的卧室，发现52岁的母亲在地上痛苦地翻滚着，双手牢牢地抓着胸口，用力在喘气。

“我一下就懵了，”夏菲对我说，“她被什么卡住上不来气，问题是我也不知道做什么。没有人知道要怎么办。”他曾听到过海姆立克（Heimlich）急救法[①]，但又不知道怎么操作。他试着拨打印度的911，但是没人接听。接着，他拨打喀拉拉邦本地救护车电话，也没有人接听。印度的救护车只有装运棺柩运死尸时才发挥作用。印度没几家医院提供救护车服务，甚至是那些接受过大量捐赠的医院也没有。在印度，碰到意外事故或有生命危险时，人们只能依赖好心人或私下运营应急护理的人，而普通大众不可能经常享受到这些。

“我也不知道要怎么帮她了，我只能抱起她将她放在车后座，然后拼命地开车。”他说。

① 美国外科医生海姆立克（Heimlich）发明了利用肺部残留气体，形成气流冲出堵塞在呼吸道中异物的急救方法，被医学界奉为经典，所以就以他的名字命名。——译者注

夏菲带母亲到了医院，医生帮她清除了卡在喉咙里的异物。然而，他母亲曾一度窒息，状态还不是很好。医生将他母亲留在重症监护室观察了好几天。

几周后的另外一场急救事故，让夏菲不得不关注印度救护车服务缺位的问题。他的儿时伙伴拉维·克里希纳（Ravi Krishna）心情不好，给他打电话。

拉维 50 多岁的母亲在纽约一家酒店大厅摔倒。她刚走出电梯，就因败血性休克而摔倒了。他告诉夏菲，如果医务人员不及时到达现场，他母亲或许就没命了。夏菲问，他母亲摔倒多久后医务人员才到。得知打完急救电话 911，纽约的急救专业人员只花了 10 分钟就赶到现场，这让夏菲很是惊讶。

通过对拉维母亲摔倒后的应急护理和他母亲异物卡住喉咙后的应急护理的对比，夏菲发现印度和西方国家存在着巨大差异。

印度在经济上取得了很大的进步，这足够引起美国和欧洲的注意和兴趣。2002 年，印度的国内生产总值为 4 924 亿美元。印度成为业务流程外包和技术支持的首选目的地。印孚瑟斯和另外一个技术公司威普罗（Wipro）已成为全球知名公司；塔塔咨询（Tata Consulting）成为一个很受欢迎的商业伙伴；其他印度公司也开始出现在世界 500 强和纳斯达克指数名单上，几家公司的领导人也开始在福布斯亿万富豪榜上露面。印度创造了就业岗位和财富，吸引了许多技术专家、银行家和投资人。印度的复兴一定程度上让《纽约时报》的专栏作家托马斯·弗里德曼（Thomas Friedman）相信，这个世界彻底地改变了，确确实实是“平”的[①]，从经济和商业角度看，在哪儿并不重要。世界各地的人都可以创办企业、交易，然后取得发展。弗里德曼相信，印度在这方面具有极大的发展空间。

不过，尽管印度进步良多，但老百姓还是没有公共服务可以依赖。道路依然满是坑洞，火车和汽车常常抛锚，课堂里也不见老师，还有夏菲最清楚的，没人能够成功地打电话叫到救护车。他认为，这些都难以让人接受，也是不该存在的问题。

曾经的印度是世界级大国，有凝聚人心的辉煌历史，即自主权。这是20世纪初期聚集力量的一种辉煌历史，20世纪40年代早期被一名戴眼镜的律师载入史册，他的名字叫作莫罕达斯·甘地（Mohandas Gandhi），他奋起反抗英国人的殖民统治，主张印度自治（当时，他们有能力和办法自治）。在甘地的帮助下，印度摆脱了几个世纪的帝国主义，在1947年建立了世界上最大的民主国家。夏菲提到，这样的一个国家有能力去改革并

① 弗里德曼出过一本书，叫《世界是平的》。——译者注

提升公共部门的服务，也有能力提供平整的道路、干净的水源、可靠的供电、政策保护、教育和救护车服务。

夏菲和拉维决定将印度的紧急救护这件事向当局提出来。长期以来，印度人将他们的社会福利委托给政府。然而，新德里的医保非常令人担忧，也得不到足够的关注。20 世纪 60 年代到 70 年代的大部分时间里，医保只是变了个花样，成为计划生育和人口控制的方式。1983 年，印度国会最终通过立法保障了国家的医保政策。

20 年后，他们依旧紧抓不放，尽力完善政策并扩大医保支出。印度政府给医保分配的资金份额与资源所占份额一样，大概是国内生产总值的 1%，人均 1 美元，与阿富汗、海地（Haiti）和塞拉利昂（Sierra Leone）持平。为了弥补资金上的不足，抓住摆在眼前的市场机遇，印度私营企业开始涉足医保领域。他们在向医保投入资源的同时，也赚到了钱。医保行业变成了印度私营企业最能赚钱的领域。印度的私人医保涵盖旅游医疗，目前估价市值在 1 000 亿美元，预计到 2020 年还要翻番。但事实上，医保还存在很大的缺口。

不幸的是，只有 15% 的印度人才有权享受私人医保，剩余的 10 亿人只有争抢资金极度缺乏的公共服务。后勤保障（物流）是应急护理的坚强后盾，印度的道路修建、治安和交通方面还存在很多漏洞，而在后勤保障上政府可以比私营企业做得好。夏菲和拉维相信，政府在应急护理上的作用可以促使其参与到医保行业中来。

2003 年年初，两人收集了一些相关信息以证明应急护理的重要性。夏菲在信实工业上班，拉维在另一家印度顶尖公司事务部门当主管。他们从孟买繁忙的工作中抽空一起去新德里。夏菲告诉我：“一家声誉较好的机构做了一个案例分析，得出有相当数量的人使用救护车服务，我们从他们那里拿到了数据。”他们认为，救护车可以极大地降低突发事故和突发性心脏病造成的死亡率。同时，它还能通过保障公民健康为印度的发展增值，加快印度经济的发展速度，聚集劳动力。他们游说卫生部官员和国会议员，他们请求，资金应该分配到印度的每个邦去运营救护车和应急服务。

随着印度经济的发展，越来越多的人涌向城市，交通事故的数量也增加了。在道路交通事故受伤的人中，超过 80% 的印度人在事故发生后的几个小时内得不到及时救治，每年有 16 万人因此而丧生。

印度人越来越富足，跻身于中产阶级，他们的饮食也越来越丰富。曾在 20 世纪因霍乱、疟疾、天花和伤寒等传染病导致的死亡，现在只占印度整个死亡率的一小部分。煎炸食品和奶油食物既充足又受欢迎，比如咖喱角、扁豆汤和查皮大饼，但由于人们很少锻炼，心脏病成为导致印度人死亡的罪魁祸首。年龄在25岁到69岁之间的死亡人口中，心脏病致死的就占25%。印度人口超过12亿，据估计，心脏病患者占全球的60%。

不过，没有任何异议，紧急护理的事得到了国会议员的支持。“我们曾经败得很惨，我们未能影响政策制定者来支持这项事业。”夏菲说。不过，这也不能阻止他们努力前进的步伐。如果政府不支持应急护理，即便是前途未卜，夏菲和拉维也会自己着手去做。夏菲告诉我：“我想，我们能够仿照周边国家的做法来创建一套工作模式。”

• • •

广阔的地域和大量的人口拖慢了印度所有一切的进度，政府的低效更是雪上加霜。当然，印度的生活水平大体上还是节节攀升的。这得益于由强大的家庭和社区关系网形成的自组织系统。正如人类学家爱德华·霍尔（Edward Hall）在其专著《超越文化》（*Beyond Culture*）中所描述的，印度是一个“高语境文化”的社会，每个成员往往依赖互相形成的紧密关系，而不去依赖外人，更不依赖政府。

印度人的变通方法是另一个原因。在孤立无援的情况下，印度人就找到了比如缺电和环境卫生差等基本问题的解决方案。

第五章
“一点小意思”：杜绝腐败

夏菲和拉维在新德里遭政府白眼之后，就开始鼓动印度人如何利用他们的关系网络和变通方法去提升应急护理能力。他们总结发现，只要提供一种正确的激励方式，他们的同胞们就会很积极地为大家改善医保而努力，尤其是在国家的人口结构发生变化的情况下，就更应该这样。印度的家庭不再是以内聚单元生活在农村社区，越来越多的人与他们的父母、祖父母、表兄弟、姑母姨妈和叔叔舅舅们分开住，他们通常住在城市的公寓里。的确，城市是印度的未来，但城市又是社会关系网络天然就薄弱的地方，大家都各过各的生活。

单单一个孟买就成了作家苏克图·梅塔（Suketu Mehta）口中的“最大城市”——人口密集、楼房林立、汽车拥挤、活动频繁，人们不得不努力去适应。孟买城区超过 1 900 万常住居民挤在约 438 平方千米的面积内，市区一些地方的人口密度超过了每平方千米 38.6 万人。夏菲和拉维总结发现，孟买和世界其他地方的城市一样，到处都是都市化进程中的受害者，孟买需要适应“勇敢的新世界”，才能成为主要的参与者。这个城市需要的东西太多，比如更坚固的基础设施、可靠的电力供应、改良过的学校和干净的用水。

夏菲和拉维将应急护理看作是他们个人的改革运动。

因为纯粹是个人发起，夏菲和拉维不再认为应急护理是印度政府、慈善机构或者医院等其他人应做的事了。救护车本身就需要训练有素的医疗从业人员，运转救护车服务也涉及一系列的经营体制。正好夏菲和拉维是有管理经验的商务专业人士，对此比较了解。有了专门技术，再加上向前冲的激情，他们决定诚心诚意地为孟买人推出救护车服务。

起初，两个人都去泡图书馆，阅读所有与救护车有关的资料。此外，他们考察了医院，还设法与医生交流，哪怕这个医生是朋友的朋友的朋友。2004 年，夏菲·马瑟得到了一个去伦敦政治经济学院（LSE）为期四个半月的学习机会，他被允许接触访问学者项目，他还主动跟伦敦救护服务中心取得了联系。

夏菲一心扑向学业，如饥似渴地到处找课听。他获得了法律和商务管理学士学位，2008 年又拿到了哈佛大学的公共管理硕士学位。此前 2004 年在伦敦政治经济学院学习的时候，他对这项将来能给印度带来积极社会影响的项目，展开了初始研究。对印度而言，应急护理的缺位是一个理想的选题。夏菲还通过网络与联邦快递公司的创始人弗雷德·史密斯（Fred Smith）交流经验。当史密斯还是耶鲁大学的本科生时，他就写信将自己创办快递公司的想法告知一家船运和物流公司。为了实现在孟买创办救护车服务体系的目标，夏菲在伦敦花了一年时间去学习救护车运行管理知识。

在伦敦，夏菲花了好几天时间坐在亮黄色车子里（英国的救护车）以体验急救生活，他在整个英国首都中穿梭着。伦敦救护服务中心有两类救护车，一类是为心脏病患者配备电震发生器的高级生命保障救护车，另一类是基本生命保障救护车。伦敦救护服务中心可以给整个大伦敦70个救护车基站发送信息。为了调查他们是如何运作这样一个庞大的服务，夏菲像影子一样跟着英国国民医疗服务系统（National Health Service）的员工，还与高科技呼叫中心的员工保持密切联系，并一一做了笔记，然后与拉维分享他的发现。之后，他们又游说几个朋友加入他们的创业计划。

5个人组成的团队共同筹集了10万美元的原始资金，起初他们购置了两辆车来测试他们的想法。试水成功后，伦敦救护服务中心给他们捐赠了用过3年的二手救护车，但是印度的海关条例规定，不允许进口二手救护车。

没办法，这几个人又从朋友、家人和其他天使投资人那里额外筹集到了40万美元，他们购买了医疗设备、8辆救护车，雇了员工，还建立了24小时呼救中心。这一路走下来，很不顺畅。印度海关误将电震发生器当作常规设备，征收了30%的关税。“如果我们对他们行贿，他们会把电震发生器归到救生设备里面，然后撤销税收，这是他们一贯的做法。”夏菲告诉我。相反，夏菲和同伙求助于高级法院，将电震发生器做了恰当的归类。他们赢了。

没有医院的配合，急救1298是无法运行的。孟买与印度的其他城市都一样，医院里面人满为患。我考察了孟买郊区北卡拉（Bycalla）的一家私人医院——阿里·坎王子医院（Prince Aly Khan Hospital），上午10点的时候我数了一下，在露天急救护理中心等着的人大概有70个。病人从救护车上接下来，就需要医院腾出地方，但床位需求量已经很大（往往很难有空床位），还要投入必要的设备配合救护车工作（病人才有可能得救）。如果不给医院“一点小意思”，他们就会不作为。

有趣的是，因为大量生命垂危的病人可以打1298急救电话寻求帮助，医院就先贿赂夏菲和拉维，然后贿赂救护车的司机和医务人员，目的是让其将病人送到他们的医院。有生命危险的病人，特别是心脏病患者给医院带来了成千上万的收入。但夏菲和拉维拒绝了医院的贿赂。

2005年5月，夏菲、拉维和朋友们成功地创建了真正的应急护理运行机制。唯一遗憾的就是缺一个免费的号码。

• • •

电信部的索贿不仅让夏菲变得冷静，还给了他新的目标。一天晚上夏菲告诉我：“世界上有两种腐败，第一种是伯纳德·麦道夫（Bernie Madoff）式[1]的，这个人纯粹是受贪欲驱动；另一种就是受权力驱使的腐败，意思就是，因为我的身份，所以我该得到额外的钱，而你不能。我认为这才是印度必须要杜绝的东西。”就在这重要的片刻间，促使他改变了做法。

最初，夏菲将救护车服务的“急救 1298”取名为 Zigitsa，这个名字是梵文 chikitsa 和 zigyasa 的结合物，前者意为医学治疗，后者意为对知识的渴求。他将这个名字先搁置在了一边。“我们的品牌理念是建立在甘地的伟大思想之上的，‘救人一命胜造七级浮屠。’”几个月前，有一位指导者给夏菲出谋划策，认为他和拉维不应该以非营利的方式运行救护车服务。他考虑了指导者的建议。

救护车服务是一项很难产生利润的生意。当然，夏菲也毫无赚钱的想法。他想，不管使用者是否能够负担得起费用，救护车都要运转起来。

印度商界的领军人物山姆·皮特罗达（Sam Pitroda）是一名工程师，也是印度总理公共信息、基础设施和创新方面的前顾问。他是印度众所周知的改革先驱，是尽人皆知的国家电信改

① 伯纳德·麦道夫，美国著名金融界经纪人，前纳斯达克主席，他花费了长达 20 年的时间精心炮制了美国有史以来最大的诈骗案——“庞氏骗局”，2009 年 6 月 29 日被纽约联邦法院判处 150 年有期徒刑。——译者注

革的教父。夏菲转身向他请教“1298”的事，尤其是向其请教盈利模式的问题。

皮绰达告诉夏菲：“你必须扔掉救护车只能以非营利方式运行的想法。营利并没什么不好啊，牟取暴利就不对了。”

夏菲胸有蓝图，他打算改革整个印度的紧急医疗护理服务，甚至是印度所有的公共服务。皮绰达告诉夏菲，如果一定要用最小、最节俭的预算运行救护车服务，是可以做到的。但皮绰达提醒夏菲，非营利就必须紧紧跟着拨款，还要花费时间向捐赠人做报告。捐赠人本身就没有给他们的员工支付很好的报酬，这就是为什么当机会出现的时候，非营利部门和政府部门的许多人喜欢索要“一点小意思”的关键原因。皮绰达指出，应该给搬迁到这里的人才提供足够的补偿。因为这会影响人们的生活水平，他鼓励夏菲提供一切可能的东西去吸引最优秀的人才到他的企业工作。

“要想一个稳定、充满活力而又高效的组织发挥它最大的潜力，就需要办成营利性企业。”他说。皮绰达又解释，这并不意味着只追求利润，还必须创造出价值。价值才是最优秀的公司和机构关心的焦点。

夏菲和他的急救 1298 团队采取了浮动费率模式，这是全世界许多医疗护理部门和教育部门使用效果较好的一种模式。在美国，许多州立大学都是按浮动费率模式运行的，他们向州外学生收取全额学费，向州内居民打折收取学费。这种模式是由不怎么知名的眼科医师葛文达帕·文卡塔斯瓦米（Govindappa Venkataswamy）在1976年的时候命名的。

文卡塔斯瓦米看到许多人因白内障失明，这原本是可以避免的。为解决这个印度卫生医疗部门不能解决的问题，他创办了一家眼科医院。在他命名的亚拉文眼科医院（Aravind Eye Hospital）里，不管穷人还是富人，他都给做白内障手术。他采用阶梯收费结构和选单的方式，从而让有钱的患者比没钱的患者支付得更多。确切地说，急着想继续工作创造财富的有钱人，用大笔的钱支援了亚拉文眼科医院，文卡塔斯瓦米也扩大了医院规模。

现在亚拉文眼科医院每年都要为成千上万的患者做手术。2013年，他们救治了310万人，其中60%的手术是免费的，公司还创造了超过35%的毛利润。亚拉文眼科医院没有接受捐赠或慈善机构的支持，自己就创造了足够的利润，他们每隔三年就创办一所新的医院。

听取了山姆·皮缔达的建议，急救1298向那些去私立医院看病的人收全额费用，任何要求被拉到公立医院的病人，依据浮动费率制或以补助费的方式收取费用。在某些情况下，比如说急症，则免费提供服务。

最开始，夏菲和拉维并没有制定如何保证或收集补助费的制度；另外，他们也未考虑过一场急症本身就使收费难上加难。高校或眼科医院可以深入讨论价格问题，但急救中的价格成本不是主要的考虑对象。

最初，夏菲和拉维授权让司机和急救医护人员腾出手去收费。在急救 1298 一年的运行过程中，夏菲和拉维就发现了漏洞。有些投机取巧的员工不受任何监督，他们将从私立医院看病的病人那里收取的全额费用中的一部分装进了自己的口袋，而在做记录的时候做成去公立医院的折扣价。

“我们审查了救护车运行轨迹，发现去公立医院看病的比例相当高，但这么多趟的运输并没有给我们带来多少收入。”夏菲说。而调度员接进来的电话几乎都要求去私立医院，这让夏菲非常奇怪。

另外，他知道穷人对使用救护车服务有些犹豫。想让每个人（不论背景）都能平等地使用急救 1298，夏菲就要花时间向穷人们推广。在推广的过程中，即便是折扣价，他也没能说服几个穷人使用闪亮而又装备精良的救护车。印度的穷人根本没有体验过集中化医疗保健和合作医疗保健，更不用说应急护理了。危急关头，印度穷人都会叫家人或邻居来帮忙。要想他们相信一个完全的陌生人，你就需要改变做法，还需要坚定的信仰。

夏菲告诉我：“我们发现给予司机和急救医护人员的自由权限被滥用了。”然而，何止如此，他和合伙人发现，他们很难将他们的意图传达给员工。急救 1298 与印度官员作斗争的故事，以及“一点小意思”的流行，绝不只是个公共问题，也已不可避免地渗透进了公司内部。

因此，夏菲和他的团队制定了新的规章制度。首先，司机和医护人员必须给急救 1298 总部打电话汇报目的地；其次，公司加强了内部监督，雇用员工去监督记录登记；另外，就像土耳其的布莱特·塞勒比在自己公司的做法一样，夏菲和团队花费时间去打造文化，创建能凝聚起急救 1298 每个员工的一套价值体系，让员工在任何时候都能拥护该价值体系，尤其是在危急时刻。

• • •

2008 年 11 月 26 日晚，黑暗笼罩着孟买城，两艘气垫快艇停在了港口，快艇上的人在印度门登陆。印度门是一座纪念碑，用来纪念 1991 年英国国王乔治五世在此地登陆。它的后面立着富丽堂皇的五星级泰姬陵酒店，附近街道上布满了高级精品店和餐馆，其中就有时尚的艺术装饰风格的利奥波德咖啡馆。10

个男子跳出汽艇，有几个冲向了这些地方，还有其他几个跑向奥拜罗三叉戟酒店（Oberoi Trident Hotel），这是另一家专供富贵名流落脚的时髦酒店。每到一个地方，这伙人都开枪射击，扔手榴弹。与此同时，一些受害者冒着匪徒的交叉火力，想办法掏出手机给 1298 打电话。1298 救护车服务中心接到电话后，赶紧派车辆前往出事地点。

那一晚，1298 的车辆救治了 125 人，这只是 600 个受伤者中的一小部分人。其他救护车服务中心的车辆也到达了现场，救治了几十名受伤人员。然而，没有一家医院能解燃眉之急。

随着印度过去 15 年的财富增长，印度老百姓的需求和期望也随之上涨。政治科学家弗朗西斯·福山（Francis Fukuyama）在 2013 年 6 月这样写道：“各个地方都出现了一群现代中产阶级，引发政治动乱。中产阶级需要的不只是对家人的安全保障，还有他们自己的选择和机遇的安全保障。”

他们认为这些选择和机遇是通过“与强权作斗争”获得的。由于可支配收入的增加，更重要的是意识的觉醒，他们才能够与强权作斗争。越来越多的城市接上了有线电视，用起了手机，正如各大公司很早以前就意识到的，印度老百姓当中存在一个富有生机的市场。但令政客们懊恼的是，老百姓又形成了一个有辨识能力的选区。“一点小意思”不再被广泛接受，印度老百姓需要的是可利用的公共服务体系和可靠的政府。具体来说，老百姓认为，拥有可利用的公共服务和可靠的政府就是他们的权利。

对可利用的公共服务的需求，包含对医疗保健服务的提升。总体来看，医疗保健公司在印度猛增，尤其是那些致力于低成本或可负担的医疗和预防性保健的创业公司在全球发展得也很快。根据易贝创始人皮埃尔·奥米迪亚发起的慈善投资基金奥米迪亚网络公司（Omidyar Network）的数据显示，“可负担的卫生保健”单单在印度就能带来大约 200 亿美元的收入。印度的整个医疗保健业估价 650 亿美元，预计截至 2017 年会上升到 1 550 亿美元。但比起美国的医疗保健业，这显得微不足道，美国的医疗保健业市值估计有 2.8 万亿美元。印度的医疗保健业还是有很大的发展空间的。

印度理工学院附近的新德里科研区出现了一条“医疗技术路”。在那里，你可以找到各种创业公司，如从帮助患者寻找可信赖的服务提供商，到完善硬件设备以提升诊断、治疗，甚至手术效果的工程师。许多印度领头的投资公司坐落在“医疗技术路上”，它们特别像硅谷沙丘路（Sand Hill Road）上的一些风险投资公司。比尔与美琳达·盖茨基金会（Bill and Melinda Gates Foundation）、戴尔基金会和奥米迪亚网络等关注医保改善的慈善机构都在这里设有办公室。

随着对医保的要求越来越高，印度中产阶层必然开始采取措施反对腐败。这并不让人觉得意外。公共服务工作就需要完全的透明度。事实上，透明度是至关重要的。

2009 年，萨蒂扬软件技术有限公司（Satyam）的董事长拉马林加·拉贾（Ramalinga Raju）承认，他用与 2001 年安然丑闻（Enron scandal）事件[①]中同样的方法干涉了公司的会计分类账和财务记录。虽然规模不可同日而语，但印度公众要求他辞职。

在印度税务局前官员阿文德·柯内瓦尔（Arvind Kejriwal）的主导下，发动了一场最有效的打击腐败的运动。2011 年，他与 74 岁的社会活动家安纳·哈扎尔（Anna Hazare）精心安排了一场绝食抗议，以推动《公民检察法案》（*Lokpal Bill*）获得通过，法案拟议设立一个反贪监督员办公室，他们成功达到了目的。

印度主要党派，执政党印度国大党（CP）和反对党印度人民党（BJP）的代表都承诺要杜绝“一点小意思”。人民党领导人纳伦德拉·莫迪（Narendra Modi）目前担任印度的总理，在

---

① 安然事件是指 2001 年发生在美国的安然（Enron）公司破产案以及相关丑闻。——译者注

参加“工作第一和‘新中产阶级’平台”活动期间，承诺要加大透明度并杜绝腐败。

• • •

《从优秀到卓越》（*Good to Great*）被奉为企业高管及 20 多岁创业者的《圣经》。其作者吉姆·柯林斯（Jim Collins）是一名杰出的商业顾问，在书中他探讨了一个公司是如何从优秀变得卓越的。柯林斯罗列了大量关于人才、文化、团队、原创性、注意力和领导力的重要性的观察资料，其中有下面一段话：

> 是的，领导力是一种远见卓识。但是，领导力还在于打造一种环境，这里可以听到真相，可以正视残酷的现实。有机会“说出你的看法”和有机会让别人知道你的看法之间存在着巨大的差距。由优秀变为卓越的领导人懂得这种区别，也有能力打造一种文化，在这里民众有大量的机会表达自己，最终大家都可以知道事实真相。

创办应急护理的强烈愿望，让夏菲·马瑟有了创办急救 1298 的灵感。印度“一点小意思”的陋习反而促使急救 1298 发展壮大。夏菲认定，与腐败作斗争就是让印度从“优秀”走向“卓越”的关键所在。

对反腐败这件事，夏菲是一名彻底的拥护者。他出席了一个很受欢迎的“科技、娱乐与设计大会”（Technology, Entertainment and Design conference），现在这个会议已经成为一种时尚。他还参加了“克林顿全球计划”（Clinton Global Initiative），成为“白宫创业峰会”（White House Summit on Entrepreneurship）的座上宾。2009 年，他发起了“杜绝贿赂联盟”（Bribe Busters），这是一个专注与腐败作斗争的非营利组织。这些付出，再加上大家对应急护理和腐败逐渐觉醒的集体意识，使急救 1298 的业务规模得到了扩大。

印度的多邦已站出来与急救 1298 合作，为自己的民众推出了救护车服务。除了马哈拉施特拉邦（孟买）以外，急救 1298 还在印度的其他 17 个邦运营，在喀拉拉邦、奥里萨邦和旁遮普邦则服务全覆盖；在比哈尔邦，1298 代表政府提供官方的公共服务。加上大量的投资，急救 1298 从一个只有 5 人和两辆救护车的创业团体发展成了一个拥有 5 558 名员工和 860 辆救护车的大型公司。2007 年，急救 1298 通过纽约的“聪明人基金会”（Acumen Fund）筹集到了第一笔资金，数额为 1 500 万美元，用来支持世界各地的社会企业（聪明人基金协会还支持过尼日利亚塔约·奥维苏的帕加科技公司）。自那以后，急救 1298 又从印度国内外筹集了大量的债券投资。印度住房开发金融公司（HDFC）、印度价值基金（India Value Fund）和类似国际金融公司的印度金融机构——基础设施发展金融公司（IDFC）共同为急救 1298 投资 425 万美元。

应急护理带来的利润逐渐增多，这让急救 1298 有能力进一步拓宽经营范围。除了为印度各邦运营救护车之外，公司又为各大医院和私营企业提供救护车服务。同时，它还为不同的企业提供最基本的应急护理培训，比如心肺复苏术（CPR）的培训。2014 年，急救 1298 将经营业务拓展到迪拜，还计划拓展到亚洲其他城市，包括新加坡、孟加拉国的达卡市和缅甸的仰光市。

夏菲在拓展急救 1298 业务的同时，也在创办另一个专注应急护理的新创企业——移动应急网络（MUrgency），这是一个类似脸书的移动全球应急网络。第一位应急护理者将加入这项网络服务，然后与全球其他地方的第一位应急护理者建立联系，他们可以分享最佳的实践经验，并为遇到紧急情况的人提供应急护理服务。他目前正在硅谷筹办这件事。

与腐败作斗争的还有其他创业者。斯瓦蒂（Swati）和拉米什·拉马纳坦（Ramesh Ramanathan）是一对夫妻，在 2010 年 8 月创办了“我行贿了”（Ipaidabribe.com）网站。该网站收集索贿者和行贿者的无记名报道。结果，网站点击率瞬间就达到几百万，访问者不只是印度国内的，还有国外的。“我行贿了”网站已经被复制到肯尼亚、巴基斯坦和俄罗斯。

高科技的普及已让官员索要“一点小意思”变得更加艰难。更多的政府服务，比如颁发许可证和注册资产等，都可以在网上完成，从而避开了政府工作人员索要好处的那只手。

夏菲·马瑟指出，能反击腐败的东西只有责任感和强大的管理。正如经济学家克里斯·布拉特曼（Chris Blattman）所指出的，经济繁荣兴旺的地区，人们就“可以发出声音，向领导人问责”，而这由强大的体制和法治造就。最让大家熟知的莫过于俄罗斯的创业者亚娜·雅科夫列娃了。

From the Other Side of the World

第六章

法庭秩序：政治干预与法律原则

公爵不能变更法律的规定，

因为威尼斯的繁荣，

完全倚赖着各国人民的来往通商，

要是剥夺了异邦人应享的权利，

一定让人对威尼斯的法治精神产生重大的怀疑。

——威廉姆·莎士比亚

《威尼斯商人》（第三幕，第三场）

莫斯科

往日的城市上空通常都是铁灰色的，2006 年 6 月初的一个傍晚，天空却闪耀着亮丽的蓝色，阳光洒下余晖，照在附近一座教堂金色圆顶上。35 岁的亚娜 · 雅科夫列娃刚刚从健身房出来，走在莫斯科市中心的一条街上。街道非常拥挤，她长而卷曲的赭色头发披散着，还没有完全干。她身着一袭白裙，脚蹬白色高跟鞋，跟男友约好一起去吃晚餐。她是化学制品生产和贸易企业索费克斯（Sofex）的创始人之一。此时，四位陌生人（三男一女）正向她走去。他们是便衣警察，逼着她错过这次约会。

三位警察围着亚娜，另外一名男警察说："抓住一位受人敬重的女士，真的是三生有幸啊！"几个过路人停下围观，亚娜显得非常冷静。

另一名警官命令道："给我你的车钥匙！"然后就带着她向她的车走去。五个人挤进了车，向佩特洛夫卡街（Petrovka Street）

38号开去。这里是莫斯科的主要拘留中心。没有跟法官见面，警察就把亚娜关进了牢房。她为什么被捕？什么时候上法庭？她要被关押多长时间？他们没有给亚娜提供任何信息，也不允许她向律师咨询，他们唯一允许亚娜做的就是跟家人联系。

在被强迫挂掉电话之前，亚娜说："爸爸，他们抓我进监狱了。"

亚娜的办公室在满是沙砾的莫斯科市东城工业区。几个月前，俄罗斯联邦毒品管制局的几名官员频繁光顾亚娜的办公室。起初，他们对亚娜的财务记录感兴趣，后来便询问她的业务往来和索费克斯的化学制品供应商。每次到访的目的都很明确，他们说是来调查亚娜的。但她怀疑他们最终的目标是收受贿赂或吃回扣。

的确如此。

"毒管局"的几名官员要求亚娜在乙酸酐上给他们提供回扣。乙酸酐是一种用来加工海洛因的化学制品。他们还要求别人给他们提供回扣。亚娜断然拒绝了。

警察造访索费克斯持续了好几周。他们盘问索费克斯的员工，还详细清查了会计账簿。

俄罗斯最高安全和执法机构西罗维基（siloviki）[①] 的成员开始跟踪亚娜和她的企业合伙创始人阿列克谢·普洛特斯基

① "西罗维基"意为"强力集团"，一个政治团体，其核心成员是前克格勃特工、目前的安全机构官员、司法部门和军方官员。——译者注

（Alexei Protsky）。亚娜对所有的这些骚扰策略并不感到惊讶，让她惊讶的是她的被捕。

亚娜从未想过，在俄罗斯，她居然成为抓捕的目标。毕竟，这个国家已经取得了一些进展，开放了经济，尊重国际规范。再说了，她也没犯法。2006 年 6 月的那个傍晚，亚娜明白了，在俄罗斯，法律可能不是所有人的"保护伞"。

法治是创业最基本的元素，也是创业的根基。我们已从前面几个章节的故事中看到，缺乏人才、基础设施、市场竞争、合作平台和透明度，创业者也都可以做出成绩，但是，没有强大的法治，创业者和创业公司就要冒风险。在最好的情况下，企业要面临瘫痪停滞的危险；在最糟糕的情况下，他们得面对腐败，甚至还有可能被敲诈勒索。

俄罗斯政府已将创业者和商务人士锁定为目标，也就是那些有先见之明、有推动力的人，某些情况下是有钱和有影响力的人，指控他们"经济犯罪"（也称"白领犯罪"）。

硅谷创业者习以为常的说辞是"政府不应该挡道"。然而，将规章制度和政府等同起来就错了。实际上，如果没有政府，就不会有今日的硅谷。在美国国家司法系统中，美国政府和 50 个州都确保法令通畅、法院公正和警察执法合理。司法体系提供了最基本的信任，可以让任何一个人开一家临街铺面，让任何人签订合约，更重要的是，让合约得以实施，让任何人通过专利权来保护自己的想法和理念。美国的司法体系打破了垄断，维护了美国市场的竞争。实际上，美国的法规和某些经济政策引起了大家的关注，如果不造成恐慌，美国的司法体系已允许大小型企业勇敢地去冒险，甚至是无所畏惧地去失败。

亚娜的经历凸显了司法体系的重要性，也凸显了创业者参与其中的重要性。

• • •

以前跟亚娜有过几次网络视频聊天。当她穿过红场，通过有历史意义的国家酒店，刚到门口戴着圆顶硬礼帽的看门人位置时，我便立马认出了她。她身材苗条，不化妆，也不戴头巾，头发有点凌乱，不同于莫斯科大多数女性。一件蓝色的粗线毛衣衬托着她简单而又质朴的容貌。亚娜说话言简意赅。

她朝我走来，端详着我。我们大多数的网络聊天时间都很长，内容都是关于索费克斯和她遭遇的卡夫卡式（Kafkaesque）① 磨难，这逼迫她变成了俄罗斯的积极分子诺玛·蕾（Norma Rae）②。除了操持眼下不景气的索费克斯，亚娜还在2007年创建

① 描述处境的荒诞与情绪的真实的统一。——译者注

② 诺玛·蕾，一个根据真人真事改编的美国电影主人公。主人公不满资本家的无情剥削，在工厂成立了第一个工会来维护工人的权益。——译者注

了“商业团结工会”（Business Solidarity），这是一个维护创业者权益的组织。

“商业团结工会”让亚娜声名远扬。索费克斯帮她积累了创业的经验和见解，“商业团结工会”又帮她懂得了如何创业。她告诉我，在建立“‘商业团结工会’的时候，我明白了创业需要自由”。这是一种个人自主权的表现，哪里拥有自由和灵感，哪里就有创业精神，哪里有法治，哪里就会有创业。

虽然俄罗斯拥有非常富足的石油和天然气，还是世界第八大经济体，但俄罗斯没有完全发挥出作为新创企业保护区的潜力。我说我刚参加了“开创性创新”论坛，亚娜又特别强调了这一点。“开创性创新”论坛是由政府主办的会议，关注科技，尤其关注俄罗斯的新创企业和科技竞争力。

“开创性？创新？真的吗？”她问道。“这不可能，他们是不可能有创新的。”虽然亚娜相信，俄罗斯人有天赋在高端前沿上做出突破，但在目前，她不确定这些人才还能否做到。“在这里，你很难成为史蒂夫·乔布斯。”

俄罗斯拥有能源、人才、资本、良师以及创新型企业必备的网络，这些远远多过大多数新兴市场国家，远远超过它的金砖四国伙伴们：巴西、印度和中国。长期以来，俄罗斯的工程师和科技人才处于国际水准，得过诺贝尔的化学奖、经济学奖、医学奖和物理学奖。在冷战时期的大部分时间里，这些人才与美国的人才在国防、科学、太空探索和技术等方面展开了竞争。现今，俄罗斯也有世界级的公司，比如谷歌的对手搜索引擎“红裤衩”（Yandex），类似于云计算公司；还有网络安全巨头卡巴斯基研究室（Kaspersky Lab）；克里姆林宫做后盾的友达设备技术公司（Yota Devices），在2013年生产出了世界第一台双面板智能手机；莫斯科的软件公司引擎X（Nginx）①为世界上许多顶尖网站提供服务器，包括空中租赁（Airbnb）、脸书、领英和《纽约时报》；17岁的安德烈·特尔罗夫斯基（Andrey Ternovsky）在莫斯科创建了受欢迎而又颇受争议的网络视频聊天室——聊天轮盘（Chatroulette）②，他将其命名为“两天两夜”。俄罗斯的人才都跳槽到了硅谷的软件巨头“印象笔记”（Evernote）。

俄罗斯政府花费了几十亿美元，在莫斯科郊外的斯科尔科沃（Skolkovo）模仿硅谷打造了一个高科技中心——莫斯科商学院。在约405万平方米的校园里，星罗棋布地布满了时尚的

① Nginx发音同engine x，是一款轻量级的Web服务器/反向代理服务器及电子邮件（IMAP/POP3）代理服务器，并在一个BSD-like协议下发行。由俄罗斯的程序设计师Igor Sysoev所开发，供俄国大型的入口网站及搜索引擎Rambler（俄文：Рамблер）使用。——译者注

② 一家随机视频聊天网站。——译者注

现代建筑，有研究实验室和教学院系，其中一栋是麻省理工学院修建的。从这可以看出俄罗斯想要创新的诚挚愿望。在“开创性创新”论坛上，这也得到了包括前总统德米特里·梅德韦杰夫（Dmitry Medvedev）（2008—2012 年执政）在内的俄罗斯政府官员的亲口证实。梅德韦杰夫指出，某些国家（暗指美国）的科技发展走在了前面，但俄罗斯不会“冷眼旁观”的。

亚娜对我说：“他们说得都很好听！但俄罗斯政府对商人并不友善。看看俄罗斯的法律。很不幸，管理俄罗斯商人生活的主要法律居然是刑法。”

毫无疑问，俄罗斯政府想要他们的公民创新，希望他们能与硅谷的工程师和科技人员在同一个层面竞争。不过，他们又想让工程师和科学家们在一个严厉的体制内做到这些。

刑法是管理俄罗斯人生活的法律主体，特别是与管理私人关系，如结婚、离婚和就业等的民法相比，刑法是全面的。

反而，俄罗斯的商法却不完整。它是在 1991 年俄罗斯联邦成立时起草并记录在案的，因此，商法成了极度不完善、缺乏公正的管理指导方针。法院系统也几乎没有先例可效仿。

薄弱的司法体系和法治的缺失必然成为创业者的绊脚石。《全球创业观察》（*Global Entrepreneurship Monitor*）负责评估全世界的创业活动。据其统计，2013 年，5.8% 的俄罗斯人要么是新生创业者，要么就是企业主。与其他新兴市场相比，这个数值非常低。巴西总创业活动数是 17.3%，中国为 14%，印度为 9.9%，墨西哥为 14.8%，尼日利亚为 39.9%，美国为 13%。

俄罗斯人选择工作时，绝大多数人首选政府部门，其次是跨国合资企业。根据《经济学家》报道：“中小型企业在俄罗斯的就业市场只占 1/4，而在其他‘经济合作与发展组织’（OECD）成员国中平均占 1/2。”在过去的 10 年中，创业者在海外注册公司，俄罗斯政府就无法干涉他们的资产。但亚娜将索费克斯公司注册在了俄罗斯，公司也因此被政府盯上了。俄罗斯的投资者都不向自己的国家投资，2013 年，超过 300 亿美元的资本和资产流向了俄罗斯国外。

虽然创业者破坏了规则，“扰乱”了规范，但他们也跟投资者一样，需要激励。在一个连创意都不能得到安全保护的环境里，是没有人愿意去创新和投资的。

亚娜说：“我们为什么生产不出苹果平板电脑这类产品，这就是原因所在。”

• • •

1993 年，亚娜当时只有 22 岁，害羞，内敛，她与人合伙创建了化学制品生产与贸易公司索费克斯。她没有尝试去制造像苹果平板电脑这种打破常规的东西，而只想简单地赚钱过日子。这是苏联解体两年后的事。当时基本的日用品可以自由出售和交易。需要特别指出的是，当时可以公开做买卖是件非常新奇的事，新奇到很少人知道怎么去做，甚至不愿意去做。

然而，还是有那么一些人做事盲目草率。其中，大多数是长期对抗俄罗斯当局的好事者，经营灰色经济；有一些来自精英阶层。他们甚至在苏联解体前，就想尽办法钻法律的漏洞。最后苏联解体时，这些人随时准备抓住机会从中捞一把。他们成功集聚了大量的资本，可以插手银行、石油、天然气和其他行业。有些人成了俄罗斯最大的亿万富豪。没有多少政治关系的那些人，却有大胆的梦想，他们瞅准机会创办新产业，下定决心要通过创业进入中产阶级。

阿列克谢·托洛茨基（Alexei Protsky）就是这样的一位活跃之士，身材矮胖，却有雄心壮志。拿到化学专业的博士学位后，他在莫斯科东郊联系到了亚娜，与其讨论给刚刚私营化的工厂供应化工产品的问题。他曾在一个科研实验室工作，熟悉这些生产化学制品的工厂，也认识需要化工产品的人。他的想法就是：做这些厂家和化工制品生产商之间的中间人。

俄罗斯采用“休克疗法”后，一夜之间解放了国家经济，迅速抛弃了原来的计划经济。政府不再管理工厂，不再计划商品的生产，也不再制定价格。所有的一切都交给了一只“看不见的手”，也就是供需链。亚娜告诉我：“我们发现，工厂需要原材料和不同的产品，但是没人能供应这些东西。”

《创业法则》第 101 条规定：准确定位，找到差距，即寻找那些听起来容易但做起来难的事。大多数人本能地将注意力集中到中心，然后就付诸行动，很少有人转头看看外围无人涉足的领域。更糟糕的是，没人相信在外围有创业的可能性。然而，亚娜和阿列克谢所做的事正属于外围。俄罗斯大多数人将注意力集中在赚大钱的行业，而他们选择了物流，他们认为这是一个他们能胜任的领域。

《创业法则》第 102 条规定：创办企业的想法是偶然发生的。亚娜和阿列克谢都没有运营企业的必备金融知识和管理技能，而早期的新俄罗斯给新创企业留有大量的余地，借助这个机会，他们获得了这两方面的知识。那时候法律不怎么管企业，政府也不太干涉企业。旧苏联官僚机构遗留的繁文缛节以及没完没了的程序仍然让每个人负担沉重。休克疗法没有给俄罗斯联邦新的管理者留有时间，让其去制定管理企业的法律，或调整机构给企业提供适当的支持和监督。历史的脚步快过章程的制定。许多人刻意地跟政府保持一定的距离，这些人声称，经济自由主义的过渡只有在律师和官僚主义让道的情况下才起作用。

但是，时间证明，建立新俄罗斯的挑战并没有让俄罗斯的创业和自由市场起步。要建立一个繁荣又稳定的新俄罗斯，就需要让人民在既定的框架内和相同的基本准则下愿意冒险经营。如果没有法律体系，更重要的是如果没有司法体系，俄罗斯的初始私营企业在任何时候都可能沦落为投机者的猎物。

在新俄罗斯联邦还不成熟的框架体制内，亚娜和阿列克谢设法躲过了监控。在新俄罗斯早期，崛起的保护行业对化学制品贸易还不感兴趣，化学制品贸易无利可图（等级较低的警官后期会谋求这一部分的利益）。从朋友和家人那里筹集到几千卢布的创业资本之后，亚娜就开始了创业之路，虽然那时她并不认为自己会成为一名创业者。

“我们不知道要做什么生意，也不知道如何处理事情。”亚娜说。没有指导者给他们提供可供借鉴的例子。她只能凭直觉来操作，先接触工厂，然后联系化学制品生产商，再安排提货送货。这很快成为一个常规的处理程序，生产商从中联系亚娜。索费克斯接到的第一单客户，成为公司的第一个里程碑。“他们（制造方）给我们打电话，询问‘你们还有这种化学制品吗’？我说‘是的，我有’。”然后她就赶忙去找货源。

“我们一美元买进，然后两美元卖出。”她说。这维持了一段时间。但是到 20 世纪 90 年代中期，竞争者开始大量涌现。亚娜和阿列克谢酷爱拳击，他们对竞争的知识都来自于做拳击手的经历，即便都是业余的。单单一拳是很难赢得比赛的，敏捷而又多重的组合拳才能获胜。他们不能只停留在化学制品的贸易上。

亚娜告诉我："那时候很多工厂都有新的生产线。"她意识到，这些生产线依赖硅胶，从绝缘材料到隆胸材料，都用这种合成物。由于阿列克谢是化学专业出身，两人着手在俄罗斯生产他们自己的硅胶产品，不再从欧洲进货，这让俄罗斯的工厂为之振奋。这不仅为俄罗斯的工厂提供了稳定、快速的硅胶供货渠道，还为他们降低了产品成本。这也推动了索费克斯的发展进程。

在 1998 年，俄罗斯深陷政治危机和经济危机，导致了国家的衰落，而生产自己的硅胶产品帮助亚娜和阿列克谢渡过了难关。当时俄罗斯债务危机严重，好几千亿卢布从国家账户不翼而飞，以前的国有企业相继破产，不论是在国际上，还是在国内，克里姆林宫都负债累累。莫斯科的股票市场也崩盘。卢布的价值丧失殆尽。银行倒闭，在银行存款的人变得身无分文。近 1 130 万俄罗斯人失业，原来的工薪阶层也领不到薪水。

亚娜和阿列克谢的境遇与小企业主们相同，他们设法维持索费克斯的运转。随着大批工厂破产倒闭，订单也跟着缩水，索费克斯的利润急剧减少，于是两人就想办法从西欧，尤其是德国和荷兰客户手里找到稳定的收入来源。他们甚至开始跟美国的杜邦公司[①]合作，以维持索费克斯的运营。尽管如此，到1999年，整个国家，包括亚娜和阿列克谢在内，都已准备好迎接新的变革。

他们等到的，就是俄罗斯新领导人弗拉基米尔·弗拉基米罗维奇·普京（Vladimir Vladimirovich Putin）的登场。

1999年，俄罗斯的第一任总统鲍里斯·叶利钦（Boris Yeltsin）提拔前克格勃[②]特工普京为国家总理。1997年普京加入总统幕僚，叶利钦认识了普京。普京很低调，这一点正中叶利钦下怀。叶利钦希望，谦逊的普京可以一心一意地将俄罗斯从危机中拯救出来。

在首个任期内，普京很受欢迎，成为大家的救星，尤其是小型企业主的救星。普京作为辛苦劳作的农民和工人的拥护者，出现在了大众视野，给老百姓带来了希望的曙光。寡头们已逐渐失去控制权。他们曾发展壮大，甚至可以推高俄罗斯房地产价格，让小企业难以为继。勉强维持的企业其规模一定无法壮大，因为没有几个能获得贷款或投资。

---

① 美国一家以科研为基础的全球性企业，提供能提高人类在食物与营养、保健、服装、家居及建筑、电子和交通等生活领域的品质的科学解决之道。——译者注

② 苏联国家安全委员会。——译者注

几年后普京开始反击俄罗斯的寡头，警告他们管好自己的生意，别掺和政治，政治是他管辖的领域。只要俄罗斯的富人不挑衅克里姆林宫，他们可以继续做他们的生意，以何种方式都可以；一旦挑衅了克里姆林宫，普京必会反击。他已准备好开始重组俄罗斯的政府机构，掌管银行、各大石油公司和电视台。然而，有一个寡头却拒绝向普京低头。

“所有的麻烦都源自于霍多尔科夫斯基（Khodorkovsky）。”亚娜告诉我。

她指的是米哈伊尔·霍多尔科夫斯基（Mikhail Khodorkovsky），俄罗斯最早的寡头之一。他首先是通过银行，然后是通过石油和他的公司尤科斯（Yukos）积累了巨额财富。2003 年 2 月，所有人齐聚一堂，来参加利益团体“工业家组织”与“企业家联盟”年会。尤科斯的老板霍多尔科夫斯基留着平头，头发梳理得一丝不苟，身穿一件深色衬衫和深色西装，转来转去，搞得好像是政府和商界领导人紧要关头的例行拍照一样。房间里，灯火通明，配置着克里姆林宫式的家具，白色和金色相间装饰点缀。椭圆形的桌子正对面摆着一架摄像机，尤科斯老板发表了长达半小时之久的演说，内容有损俄罗斯政府的声誉。几个月后他被抓进监狱，罪名是欺诈和逃税，后来又被指控侵吞公款和洗黑钱。在审讯开始之前，他甚至被关押在监狱里面长达一年之久。

第六章

法庭秩序：政治干预与法律原则

2005 年 5 月的一天早上，下着雨，法官在法庭宣布了结果。亚娜超大的办公桌上散乱地摆放着成堆的文件，她抽出短暂的时间休息，正好从广播里听到了这个消息。“我真的不敢相信，霍多尔科夫斯基这家伙居然进监狱了。”她回想着过去说。几个月后，西罗维基的两名工作人员突然拜访了她。

其中一名工作人员手里拿着她从荷兰工厂收到的订单，价值好几十万卢布，问道：“这是什么？”他转向同伙说：“这里看起来像是个微型尤科斯，你不觉得吗？”

亚娜之前从未与警察打过这样的交道。曾有稽查员来查索费克斯的账目，但从没人像那天早上的这两位官员，径直走进她办公室，态度十分无礼。

她回忆说：“他们想让我们放弃我们的客户，帮他们做不正当交易，还谈到了分红的事，答应会给我几包钱。我没接受。”几个月后，2006 年 6 月的一天，天气暖和，亚娜因此事被逮捕。在佩特洛夫卡街 38 号牢房关押几个小时之后，她被转移到了一个女子教养所。在那里，她与另外 46 名女子关押在一间牢房里，时间长达 7 个月。

• • •

维克多·雅科夫列夫（Victor Yakovlev）劝女儿要斗争到底。他认为，唯有这样做才有可能将事情理清。

但请一名律师来出谋划策都成问题。亚娜的第一任律师，向她搪塞一阵后，就试着达成一份庭外和解（认罪诉讼协议）。接下来的两位律师都没有回复她见面的要求。尝试第四次之后，她终于找到一位律师，这位律师支持亚娜的决定，与对她的指控作斗争。

又有人加入使得事件备受关注。“怪异”的传言四起，亚娜的做法打击了俄罗斯司法系统的很多人。事情的进展也激起了媒体的兴趣。人们有组织地到莫斯科街头和广场为亚娜争取权益，报纸报道了她，电视台也播放她的境遇。但这些，亚娜事后才知道。

一些杰出的人权人士也来为亚娜辩护。他们有来自莫斯科赫尔辛基观察组（Helsinki Watch Group）的柳德米拉·阿列克谢娃（Lyudmilla Alexeyeva）和亚历山大·列别杰夫（Alexander Lebedev）。从索费克斯起步的那一天，亚娜能依赖的只有阿列克谢了。但亚娜始终认为，这件事只是她个人的事。她既感到恐惧，又抱有希望。她曾认为自己只是一位来自普通家庭的女孩，从不会闯祸。柏林墙倒塌时，即使她的同龄人都冲进莫斯科公园和广场，要求更多的改革和公开化，她都畏缩不前。她对政治不感兴趣。“但结果呢，政治对我感兴趣。”她说道。不管怎样，亚娜很不情愿地成为一名激进分子。

“我常自言自语，‘亚娜，你是俄罗斯人，你是一名创业者，你有能力改变现状。’”她说。

她做到了。2007 年 2 月 16 日，对亚娜的指控被撤销了，她被释放了。亚娜成为俄罗斯第一位无罪释放的企业家。她发誓她不会是最后一个。

在创业的最初，亚娜发现自己投入了一个全新又陌生的环境当中。群众集会时，她去诉说她的处境；面对媒体时，她也说自己的遭遇。当然，她不会公开唱反调，不会针对克里姆林宫，而是质疑政府对商业的政策。她清楚，普京是希望俄罗斯能在全球占主导地位的。她认为，创业为实现这一目标起着关键作用，政府应该主动倡导创业，而不是阻碍。

这也正是“商业团结工会”一直关注的问题。在她被免罪后的一年内，她创建了“商业团结工会”。正如她所说的，这是一项为争取创业权利而开展的改革运动。“我们完成事业并取得胜利后，我要把我的经历分享给那些不知道该干什么的人；我要跟那些需要这类建议的人交流。”“商业团结工会”还给其他创业者以及被诬告经济犯罪的商人提供法律援助和支持。“商业团结工会”成为媒体关注的热点，然后，亚娜让其变成公开不合法事件的着力点，也让其变成推动创业改革的起始点。

安娜告诉我：“我看到了新一代的创业者又回到了俄罗斯。”

回来的都是20多岁的年轻人，他们手捧剑桥大学或斯坦福大学的学位证书，怀揣梦想，意欲开创下一个脸书或谷歌。对创业的鼓励吸引了许多人。“数字十月”（Digital October）就是其中一个，它提供了一个类似于美国大会的语言环境，主办专注于技术和创业的会议和讲习班；另一个是“耕作者”（Farminers），是由俄罗斯门户网站Mail.ru的创始人之一、俄罗斯科技创业者伊戈尔·马茨阿育克（Igor Matsanyuk）创建的一个孵化机构。

安娜告诉他们：“这个脸书的创办人扎克伯格（Zuckerberg）创办企业并不仅仅是为了利润。他谋求的是改革。你也必须奔着改革去，而不是利益。”

“改革”开始成为在创业圈频繁使用的词语。关于新创企业的讨论也反反复复出现，以至于它的意义已变得模糊不清，从想法到标签都走样了。绝大多数创业者抓住机会只会空喊“改革”的口号，却没有下定决心改革。

当然，与其他硅谷新创公司的创业者一样，马克·扎克伯格也被诟病。从事数字行动研究的学者叶夫根尼·莫罗佐夫（Evgeny Morozov）批评得最为激烈。他在著作《点击这里，可以拯救一切》（*To Save Everything Click Here*）中批评扎克伯格利用脸书“根除误解”，改善“世间的万物，政治、公民、出版、烹饪等”的想法是“假冒的人道主义”。

在《纽约时报》一期专栏版，莫罗佐夫发表了他对整个硅谷数字时代的批判：

> 硅谷曾一度乐意于主导技术世界。但是，近来一些大公司已冒险涉足一些硅谷传统兴趣范围，最明显的便是国际开发——承诺要将原来各国政府和国际机构主导的领域，演变为黑客马拉松和应用程序破坏活动的永久游乐场。

有人赞成这个观点。在2011年的“阿拉伯之春”骚乱时期，《纽约客》杂志的特约撰稿人马尔科姆·格拉德威尔（Malcolm Gladwell）批评脸书和推特的作用时写道：“这些创新者趋向于唯我论者。他们经常想把各种杂乱的事实和经验塞进他们的新式样中。”这就是所谓的“改革”。

批评能起到制衡的作用，能确保事物的正确性，某种程度上还具有一定的建设意义，能确保让每个人为自己所做的事负责任。与绝大多数批评一样，这些批评起到了关键作用。面对初创公司对“改变”世界和“拯救”世界过度渲染的宣传，批评是很有必要的。不是所有的初创公司都有这样的影响力，他们也不可能有这样的影响力。亚娜指出，创业者需要考虑他们公司目前是如何被个体、企业和政府利用的，将来又是如何可以被利用。

亚娜坚持认为，创业者与中小型企业主是有区别的，不能仅仅做个生意人，像她这样的，创办企业的目的就是为了混口饭吃。创业家创建工具可以促进（社会）发展和进步，与此同时，也提升了管控的策略。结果，他们不计得失往远处看，他们必须融进他们赖以生存的群体当中，最重要的便是与政府接洽。

参与是一个民主和代议制政府的基础，没有它，不论在哪个国家，有权有势者必会不顾老百姓的安危去谋求他们的利益。

比如美国。有权有势的公司为了利益，其说客的工作就是为了影响美国的立法者和立法程序。他们这么做就是为了保护自己的利益，但往往损害了别人的利益，尤其是损害了那些初创公司的利益。他们不是请求政府“让道”，而是寻求政府的帮助，利用政府来维持现状。

不经允许就发布含有电影、音乐、书籍以及文章等内容的“流氓”网站，让人非常恼火。在好莱坞制作公司的敦促下，美国立法者起草法案，目的在于阻止版权侵犯，由此可以省出由侵害著作权造成的好几百万美元的损失。法案要求政府采取措施封锁这类网站和搜索引擎，关闭未经允许就发布受保护的内容或消除为受保护内容建立的链接。同样，法案还影响到一些合法的创业公司，比如脸书。法案遇到了强烈而又有组织的抵制，为了应对这些抵制，司法委员会（House Judiciary Committee）宣布考虑延期立法，“直到形成广泛、一致的解决方案。”

俄罗斯也希望有同样的法律。与其他人相比，积极分子和创业者拥有影响俄罗斯“变革”的手段，或者正如亚娜所说的“与蟑螂作斗争”的方法。

2012 年 12 月，“蟑螂”一拥而进，爬进了亚娜的世界。

• • •

从体育馆出来被关进佩特洛夫卡街 38 号监狱，此事已过去 6 年了，亚娜再次发现自己生活得并不如意。她又一次选择了勇敢面对。

2012 年 12 月，也就是我离开莫斯科的几周后，一名来自俄罗斯税务局的检查员到索费克斯亚娜的办公室拜访她。他要求检查亚娜的账务和盈亏报表。检查完之后，他声称亚娜的公司所欠额外税额有 10 万美元。她别无选择，只能支付税款或者用“别的方式”。

这与 2006 年发生的事不同。2006 年回绝联邦缉毒中心时，亚娜告诉检察官她会按照他的“要求”办。自 2007 年发起“商业团结工会”之后，亚娜清楚自己对这样的“要求”越来越不能容忍，俄罗斯政府也想遏制“一点小意思”蔓延的势头。她游说议员进行法律改革，包括设立监察专员和支持反腐警察。所以，为了揭穿检察官，她答应了他的要求。

检查员一离开亚娜的办公室，她就联系了反腐警察。她说：“他们都相信了。”警察要求亚娜在餐厅与税务检查员见一次面，她戴上窃听器，亲手将有记号的一箱钱交给检查员。最后检查员被逮捕了。

这件事在小范围内使俄罗斯的法治得到了加强。俄罗斯总统梅德韦杰夫（Dmitry Medvedev）① 坚定地支持创新，也支持新创公司。2008 年，梅德韦杰夫成立了反腐委员会。委员会的主要任务是推动和保护企业的法律改革和立法。法律条款中的其中一条被成功地推行了，即任何被逮捕扣留的人都有权请律师。另外，俄罗斯警察不能再提出检查公司财务账目和商业活动的要求。

为了解决警察队伍中的腐败问题，梅德韦杰夫对俄罗斯的警察政策再次大洗牌，精简了 20% 的警察，为警察提高 30% 的薪水，目的是让他们生活充满希望，而不动勒索平民的心思。

① 2008 年，时任总统。——译者注

2012 年 6 月，普京钦点总统特使（调查官员舞弊情况的政府官员）为俄罗斯企业家改善经商环境。两个月后，俄罗斯加入了世贸组织，延伸了商业法规，采用了新的破产法、投资法和贷款法，从而有效消除了创业者无辜被卷入刑事拘留的风险。

这些改善效果显著，让亚娜能继续推进公司的发展，其他俄罗斯创业公司也备受鼓舞。

俄罗斯在“世界银行年度营商环境排名”（World Bank's Annual Doing Business Ranking）中的名次有所提升，上升了 19 个名次，从 2013 年的第 111 名提升到了 2014 年的第 92 名。《财富》（*Fortune*）杂志撰文报道，到 2013 年年底，“许多受人尊重的资金管理人虽不抱乐观态度，但也为俄罗斯感到兴奋。”虽然俄罗斯的民主之路还有很长的一段路要走，但曾一度表现出遵守国际准则和加强自身制度建设的意愿。

尽管俄罗斯货币储备量可观，但据大家所言，它仍面临着经济危机。俄罗斯的许多公司都陷入困境，曾对俄罗斯科技人才感兴趣的几个欧洲风险资本家也掉头去了别的地方。在 2014 年头 3 个月，投资者将超过 600 亿美元的资本转移出了俄罗斯，俄罗斯股票市场下跌了 20%，俄罗斯货币卢布也在贬值。国际货币基金组织（International Monetary Fund），也就是国际开发署，对俄罗斯经济增长预测从 2014 年的 1.3% 下调到 0.2%。许多俄罗斯人也正打算离开俄罗斯。

尽管如此，亚娜和其他创业者还是选择留在俄罗斯。当我问她为什么不离开时，她这样告诉我："这是我的家，我要留下来继续战斗。"她要离开的话，过去她就有很多机会，现在机会还是很多。

俄罗斯现在的经济财富不是出自商品生产和服务业，而是石油和天然气。如果石油和天然气价格持续下跌，或许能证明他们的观点是对的。他们争分夺秒，就是为了确保还有别的东西能继续推动俄罗斯向前发展。作为一个地域辽阔的国家，还拥有丰厚的能源资源，俄罗斯至少在短期内都将作为一个重要的全球参与者存在。

就本质来看，创业者们所做的事就是破坏和创新，他们给政府提供了必要的监督和平衡，这是其他人无法做到的，商人给不了，非政府组织给不了，公民社会组织也给不了。他们帮助重建社会秩序，帮助推进社会发展，提出新思想，创造新产业，制造新机会。这些，也正是中国的雷军谋求改变的东西。

From the Other
Side of the
World

第七章

身处边缘：打破现状

进步是个很好的说辞，
但进步需要改变来推动，
而改变就会树立敌人。

——罗伯特·肯尼迪

北京和上海

2014年1月，中国国务院总理李克强在中南海主持召开座谈会，听取专家学者和企业界人士对《政府工作报告（征求意见稿）》（*Government Work Report*）的意见和建议。此报告每年3月份发布，相当于美国的国情咨文。会上，李克强鼓励来自高校、行政部门、企业的各界代表“照直说，不用委婉表达”。

华丽的会议室里摆着马蹄形会议桌，红色座椅摆得满满当当。总理身着深色拉链休闲夹克，白色衬衫，时不时地强调：“大家尽管发表自己的意见！”他特别希望大家能够分享关于国家经济的看法。

一位学者打破了沉默，他提到了经济滑坡的危害；紧跟着，另一位学者谈到了完善规章制度以增强市场信心的必要性。他们的说辞基本上反映出对中国经济的真实看法。

即便数以百万计的中国人民已经摆脱了贫困，步入了以政治觉醒和政治参与为标准划分的社会经济群体——中产阶级，但中国政府追求稳定。也许，中国政府能分阶段实现发展和繁荣，促进全民经济增长，但由于他们追求稳定，维持现状，因而经济活跃度不够。

维持现状就可能会遏制竞争。正如垄断企业和大型企业不想看到竞争对手侵犯各自的市场份额，那些工作人员，不论是来自公众部门还是私人部门，都不想看到他们的权力或职位受到任何挑战。或许他们会支持革新、进步和社会流动[①]，以及社会秩序的变更，但若要改革职权，他们定会反对。新创公司对现有工业的转型和经商方法的改变，从高到低各个层面扰乱了全球行业和政府，而这恰好表现出创新和创业之间相互矛盾的关系。颇具讽刺意味的是，许多国家的政府，一方面鼓励公民积极主动地做生意，以求经济繁荣；另一方面，他们又在各个层面上跟不上变革的步伐。当前的法律、政策和体制是 20 世纪制定的，早已不能准确反映数字时代的真实性。正如数字媒体和全球事务专家泰勒·欧文（Taylor Own）在《颠覆性力量：数字时代国家的危机》（*Disruptive Power: The Crisis of the State in the Digital Age*）这本书所提到的，以前，国家有能力

① 个人从一个社会阶层转向另一个社会阶层的过程。——译者注

控制绝大部分人的言行，但这种情形已不复存在了。他写道："在集体行动中，国家正失去它超群的机能。"造成的结果便是，人们有权利去开始重新制定经济和政治秩序，但许多政府表现出了不适的症状。

将"共享型经济"引进美国并迅速发展创业公司，就是一个典型的例子。诸如打车软件"优步"（Uber）和预订网站"空中租赁"之类的分享应用程序，促进了点对点的合作，给消费者打车和住宿提供了多种选择。这让各自相关的行业惶惶不可终日，从韩国到印度，从德国到美国，全都如此。

风险投资也是如此，风险投资引进了新的商业模式和方法，美其名曰"新型经济"。亚马逊用在线电子商务平台颠覆了图书出版业；电动汽车制造商特斯拉（Tesla）从以往通过经销商和展销厅销售汽车的经营方式，转向了直接向消费者出售汽车，变革了汽车工业；已停业的网络电视公司爱欧（Aereo）直接通过光缆向用户提供节目，用户可以随时随地收看电视，这让广播电视公司乱了阵脚；忧心如焚的银行家所惧怕的网络虚拟货币比特币将颠覆金融行业；甚至传统的餐饮业也开始挥拳抗议快餐车。

那些传统行业奋起反抗、极力抵制这些"后起之秀"，一点都不足为奇。他们选择的武器就是深谙管理之道的政策制定者。全世界政府各个层面的政策制定者指控共享型经济和新型经济领域的新创企业。他们声称，诸如优步和空中租赁等公司，要么绕开了确保服务质量和保护公共权益的法律；要么侵犯了版权，损害了劳动者的权益，破坏了安全保障和税收政策，或者扰乱了城市区划法[①]；要么这些全有涉及。

政策制定者和政府官员的优先权之一，就是保护消费者，而不是保持稳定，压制变革或阻碍创新。不如引用美国前总统林登·约翰逊的演讲“伟大社会”（Great Society）中的一句话：“要建立一个社会，发展就是我们需要的仆人。”

正如在前几章所提到的，人才、适当的基础设施以及合作与竞争能力具备的地方，机遇、透明度和强大法治俱全的地方，发展就会越来越兴旺。诚然，还有其他一些因素暗地里推动着发展，对创业和革新至关重要，如权力下放、容忍破陈除旧和重新分配财富，即便不是与当权者格格不入，这些因素也是违背常理的。

随着技术的发展，提升个人能力可以转变经济格局。汽车、飞机、铁路、蒸汽机、电报和电话都是技术上的重大突破，在人与人之间架起了连接，将人类从繁重的体力劳动中解放了出

① 城市区划法是西方许多国家地方政府用法律手段来管理土地利用和建设的一种规划法。——译者注

来；同时，技术也重塑了经济格局，留给人们空间和时间去思考和想象，革新释放了人们的潜能。随着个体潜能的提升，人们的意识和参与能力也随之提升，从而激发了人们获取更多自主权的欲望。若这种争取更多自主权的欲望蔓延开来，就会重新界定权力，进而将自主权从原来的当权者手中转移到真正参与政治进程的那些人手中。这种情况下，权力也会从权威的工具转变为责任的工具。随之，社会和经济的发展就会变得更加民主。

中国政府迫切希望本国经济着眼未来。当中国开放经济并鼓励创业时，他们又有所顾虑，因为这方面经验他们比较欠缺。

雷军——计算机工程师出身，小米科技的创始人，正尽其所能避免各种形式的冲突。雷军以他价值数十亿美元、万众瞩目的公司现身说法，鼓励中国同胞去思考、想象并创新。中国日渐面临着这样一个问题：国家如何继续发展？雷军的方法为中国政府提供了强有力的解决办法。雷军力求让国家收益，让国家强大，这也是中国政府一直追求的目标。在 2014 年 1 月的中南海座谈会上，他也向李克强总理提了这个建议。

雷军认识到，要想真正巩固地位，中国不仅要实现经济上的改变，还要实现社会的改变。中国的成功取决于中国百姓的参与程度。

“我建议政府今年关注创业环境。”雷军满怀敬意地向总理建议道，并对此问题做了详细陈述。他罗列了政府如何关注创业环境问题，显然，这方面他比在座的任何人都看得远。他建议政府为创业者提供更多的灵活政策。国家不可能命令人们去创新，而应该给那些可以创新的人腾出空间。虽然，这可能会打破现状，但这些灵活的政策将会使中国的创新活力得到释放，从而巩固中国的地位，使中国成为全球经济强国。

• • •

小米总部位于北京海淀区北边的清河中街。每个工作日的早晨，成百上千的年轻人拿着手机，挎着运动背包，意气风发地走进标有橘色字母“MI”的小米办公楼。这里是北京市区的西北角，是国内高科技开发区。小米公司远离市中心，毗邻一座闪闪发亮的购物中心，最近的地铁站至少也要步行15分钟。

小米决心释放中国创新活力，时刻准备干“下一件大事”。它还决心赋予中国普通百姓以权利，激发他们去造梦、尝试、冒险。

在小米宽敞明亮的办公区，你可以找到一切典型新创科技公司所拥有的东西：桌上足球、豆袋懒人沙发、大型植物、“博士”（Bose）牌消音耳机，甚至还有一只狗和一间狗屋。大厅里面还有一个巨型滑梯，一直延伸到楼上好几层。当然，这上面的几层楼上以及大楼外面所发生的事和发生的方式，让大家对小米公司顿生兴趣。小米鼓励人们从大处着眼，将自己的想法付诸行动。

小米公司专注研发外形像苹果手机，运行系统为安卓的智能手机。正如记者布拉德·斯通（Brad Stone）在《商业周刊》（*Businessweek*）上这样写道，这“不只是另一部‘中国制造’手机，还是一项卓越的科技成果，其构思、设计、运行都发生在中国”。小米手机由中国工程师开发，却集合了进口元件，它们还都是高品质元件，包括 LG 的显示屏和高通（Qualcomm）处理器。不过与大多手机制造商不同，小米手机价格便宜。小米刻意低价销售的策略，就是要从软件服务而非硬件上面搞创收。小米的软件设备是由操作系统、云服务、移动支付平台以及大量应用软件组成。小米同亚马逊的电子书阅读器（kindle）一样，按成本出售手机，其目的就是为了推出它的网络虚拟服务。

正是虚拟服务激发了雷军的灵感，让他在 2010 年推出了小米。雷军急于出售人们渴求的高品质智能手机，他的聚焦点在于掌握软件和各种应用程序，让智能手机做到真正“智能”。有趣的是，他做此事的策略时很少依靠自己以及所雇用的上千个开发人员和程序员，更多的是依靠陌生人。在软件行业，尽管雷军是名有多年经验的资深计算机工程师，但是他转向开源科技，一种向任何人开放，允许任何人进入、更改以及使用的编码系统。小米的米柚（MIUI）固件开创了开源科技，它依靠大众的意见和互动，尤其是依赖网络社区贡献，改进公司的服务，为新一代产品以及排除故障漏洞提供建议。对于小米来说，消费者就是参与者和内容创造者。

几千年来，由于受儒家思想的影响，中国人自上而下都遵守秩序。儒家思想是由孔子创立的哲学体系，崇尚等级和秩序。1949 年，中华人民共和国成立，儒家思想的影响才有所削弱。而雷军相信，只有“群体贡献”和鼓励大众参与才能让中国强大。

小米采取了开源技术，雷军赢得了“粉丝”，这是一个为使用它们产品和服务的用户起的公司名称。这些产品和服务不是原创，却符合中国人的行为习惯。小米公司不设产品零售店，而是每次生产 10 万部手机，在线直接卖给消费者。好几批次的产品在网上几秒钟内就售罄。“这种技术比肩空中飞人乔丹啊。”《商业周刊》的布拉德·斯通这样写道。4 年来，小米已经出售手机 5 亿多部，并拥有 8 500 万名有效米柚用户。2014 年小米销售总额达 119.7 亿美元，这让小米超越三星成为中国最大智能手机供应商，并成为世界第三大智能手机制造商。

所有这些成绩，让小米成为中国最激动人心的公司之一，雷军也成为像乔布斯一样最受欢迎的创业者之一。事实上，由于雷军也生产智能手机，令人好奇的是他也经常穿着跟乔布斯一样随意的黑色 T 恤和牛仔裤，为小米产品举办类似苹果的产品发布会。也许你不必惊讶，他已被看作是“中国的乔布斯”，小米公司也经常被拿来和苹果公司作比较。他很反感这样的比较。因为在他看来，这好像是“我们对他们”刻意的市场营销策略，类似于可口可乐与百事可乐，或者好时巧克力与玛氏巧克力之间采用的竞争策略，分别引发了“可乐”之间的战争和“巧克力”之间的战争。

2013 年，有人问小米是否相当于是中国的苹果，雷军回答道：“苹果公司不会真正关注用户实际上要什么，而仅仅是想象用户要什么。”雷军还强调，小米和用户一起生产最好的产品，可以说这给了管理严密、做事隐秘的苹果公司当头一棒。“小米的优势不在创收、不在利润、更不在市场份额……我们致力于生产让用户尖叫的产品。”言外之意，这个产品可以让用户感受到，他们也是产品生产的参与者。

1995 年，硅谷发起了线上拍卖网站——易贝，让好几百万人成了虚拟网店的老板和销售员，这些人不是纯粹的“创业者”，但都以此挣外快或谋生。其他地方成百上千的人，包括中国的电子商务巨头阿里巴巴，都效仿此做法。马云以“中国潜能”为由创立阿里巴巴。马云曾说“中国人跟他们一样聪明”，这里的“他们”就指硅谷的科技人员。小米以此概念证明中国的创新能力，雷军为普通中国人的尝试、冒险、创新铺平了道路，旨在动摇中国私营企业，逼着他们去思考，去创新。

实验和冒险都是创新的核心所在。从理论上来讲，它们也是创业精神的一部分。但是，就像在第三章中提到的巴基斯坦一样，创新和创业不总是一回事。在继美国之后的第二大经济体——中国，这个世界最大的商品贸易国，创新和创业就更不是一回事了。2013 年，中国货物进出口额为 4.16 万亿美元，远远高于美国的 3.57 万亿美元。2014 年，中国专利申请数量超越了美国。同年，阿里巴巴集团在纽约证券交易所正式挂牌交易，创下了美国股市最大融资规模纪录，数额达 250 亿美元。

然而，对中国新创企业和创业环境了解愈深，我愈加发现，这些眼花缭乱的统计数字与创新并没有多大关系。谷歌前任大中华区总裁李开复对此做了解释，他说道：“在中国，创业者最渴望得到的就是影响力和财富。”结果，中国“不可能设计出下一个可以改变世界的产品，中国的创新很可能来自已经知名的产品，或者将这些知名产品应用到其他领域”。

事实上，中国大多数创业公司都没有创新，而是专注于模仿，即复制已有的想法或者品牌，并进行本地化。仿造知名品牌商品，在过去15年中推动中国经济高速增长。仿制的普遍都是西方的奢侈品品牌，像古驰（Gucci）和路易斯威登（LV）。

随着互联网的到来和硅谷科技公司的崛起，如脸书、谷歌以及播客（YouTube），中国相继推出了这些平台的本地化版本，但赚钱的特征和方式有所改变。这些虽不是直接仿制，但也有改编之嫌。就像中国风险投资家、启明创投（Qiming Venture）的股东盖里·瑞斯彻（Gary Rieschel）所说的，“中国造，中国用。”也就是说，中国大多数新创公司不能专注于做出“下一件大事”。

据观察，雷军挑战的不只是“中国造，中国用”模式，还有上层建筑和维系上层建筑的经济基础。他创立小米，就是在公然挑战“创造财富是国家的事情”这一观点。他知道，原始的、原创的想法都是从零开始的。事实上，中国创业者都必须这样做才能维持国家的发展。创业者创造了工作岗位和财富。通过小米公司，雷军不仅鼓励中国百姓摆脱加工流水线，创造工作岗位并创造财富，还鼓励大家创造价值。雷军鼓励大家做事“从大处着眼”，要寻找解决当前问题的办法，将创新与创业结合，最重要的是，要改变中国的传统商业模式——商业模式要与世界接轨。如果他的想法成功了，很有可能会改变中国的创业环境。

• • •

雷军既直言不讳、平易近人，又令人难以琢磨。他愿意在电视上抛头露面，也会在会议中侃侃而谈，却对个人生活缄口不言。正是这种性格，再加上他那迅速成名的小米公司，让我对他产生了浓厚的兴趣。我好奇的是，他是如何产生创办一个公司的想法的？然后是如何实现这个想法的？要创建的公司还要对抗已有的巨头——苹果和三星。

他不是一个社交活动家，也不是政治家。雷军的社交圈子中没有政府人员。

1969 年，雷军出生在中国湖北省中部的一个中等城市。20 世纪 90 年代，他就读于武汉大学。武汉是一个工业中心城市，被称为“中国的芝加哥”，密密麻麻的工厂烟囱插入青铜色的天际线。包括雷军的父母在内，大多数城市居民都在这些工厂上班。然而，雷军想要更多。即使是在 20 世纪 90 年代初，中国经济刚刚起步，雷军相信，只要人们一以贯之地坚持，中国势必再一次成为强国。

在博客上的文章和采访中，雷军都提到，在武汉大学上学时，一本书坚定了他的信念。这本书就是《硅谷之火：私人电脑的诞生》(*Fire in the Valley*: *The Making of the Personal Computer*)，迈克尔·斯韦因（Michael Swaine）和保罗·弗赖伯格（Paul Freiberger）于1984年创作。斯韦因和弗赖伯格追溯了计算机领域的发展历程，讲述了处理器微芯片背后的每个人和第一台个人电脑诞生的故事。书中特别讲述了“家酿计算机俱乐部”（Homebrew Computer Club）的故事，自诩是科幻小说爱好者和技术狂热分子的聚会场所，他们在这里生活，最终这里就成为知名的硅谷。这是1975年发生的事，史蒂夫·乔布斯就是其中的一员。

其中一位评论家指出：“家酿计算机俱乐部认为，计算机可以开辟人类统治的新纪元，甚至是一个乌托邦时代。”读完这些，那个时候身材匀称的雷军也开始相信这些。他读大学时主修计算机工程，对此也比较感兴趣。但是直到读过《硅谷之火》之后，雷军才开始慢慢领悟到计算机和科技通常都能做什么。

雷军说：“商业技术也可以为国家服务。”这也促使他投身科技世界。和几个大学同学一起，雷军开始了编程之路。他们开发杀毒软件，尝试着开办自己的科技公司，但是那时他们没有丰富的商业经验，公司不久就倒闭了。

1992年，雷军前往北京，在金山软件公司谋得一份工作。他靠自己的努力，成为公司的高层人员，并在保障中国政府的网络安全中起到关键作用。中国政府办公室使用的几亿台计算机，从使用微软软件转而使用金山软件。这次意外的成功使雷军在 1998 年成为金山的总裁。

任职期间，他带领公司进军互联网。他多次出国学习，发现国外，特别是西方已经开始利用互联网来增加业务，尤其是通过可以分析信息、移动信息和储存信息的万维网和云服务，让用户随时随地可以得到他们想要的信息。电子邮件就是云服务的一种形式。网盘、照片分享应用，以及许多像谷歌硬盘之类的谷歌服务都是基于云服务开发的应用。这些应用为他人提供了便利，尤其方便了那些渴望推出创业新点子，想以有限成本获得资源而无须安装软件的小企业和个人。

雷军认为，这种云服务可能会得到普及。因为方便使用，人们才转向科技。能够吸引每个人的，不是避开了磁盘和文件夹的困扰，而是无论何时何地都能获取信息的能力。发现机遇的雷军，不想再继续通过硬盘和零售商销售软件了，他想让金山软件公司成为继微软之后，可以提供在线服务的公司；他想让金山软件公司成为像西雅图的巨头那样，积极进取，不断创新。雷军认为，金山软件公司要想具备全球竞争力，必须涉足云端、线上服务。

对雷军来说，他不只想在国内发展壮大。他相信，祖国有这样的能力和人才，可以让中国公司得到全世界的认可。雷军希望有一天，金山软件公司有能力与微软以及其他西方科技公司相抗衡。然而，在担任金山软件公司总裁期间，他也没有偶然碰到“非同凡响”的启发，就像苹果以前销售口号里喊的那种“非同凡响”。他不得不关注创意、试验、冒险以及打破现状方面。他应用了20世纪60年代的管理理论，主张等级森严的管理制度和线性思维。这就是为什么2007年雷军选择香港证券交易所首次公开募股（IPO），而不是带领金山软件公司全体员工去创新，去搞“下一个大事件”。结果，雷军首次公开募股成功，得到了数目可观的意外之财，金山募集到了9 900万美元。但是，随后百度、阿里巴巴、腾讯、新浪以及搜狐五大中国科技企业（BATSS）的崛起，让雷军一筹莫展。

百度成为中国的谷歌；阿里巴巴成为中国的易贝或者是亚马逊；腾讯成为中国在线娱乐平台；新浪将自己定位为中国版的推特，即微博；搜狐成为中国第二大搜索引擎。没能让金山软件公司跻身于新兴创业公司中，雷军苦恼不已。金山软件公司在香港证券交易所上市后不久，雷军度假休整，这是他生平第一次、也是唯一一次休假。在中国这样勤奋、竞争激烈的国度，放下工作是件不同寻常的事。朋友谈及雷军，只会以“勤奋”“忘我工作”来形容，雷军休假也太不正常了。

“雷军财务上得到了保障，可他觉得信誉得不到保障，他不像阿里巴巴的马云和腾讯的马化腾那样负有盛名，这就是他现在的境遇。不过，这也是鞭策他的力量。”陈有庆（Robin Chan）对《商业周刊》的布拉德·斯通如是说。

• • •

在休假过程中，雷军深思该如何利用中国的创业热潮。他认为，创业就像一场运动，需要的不只是编程师和工程师，还需要资金，而这是很难得到的。他含蓄地对我说：“风险资本家是每个创业者的幕后助推者，显然，投资可以帮助创业者把生意做得更好。”

中国创业投资额已高达数十亿美元，但与硅谷相比还是个小数目，不过毕竟意义非凡。在融资和投资等风险投资活动中，中国排名世界第三，美国和欧洲分别是第一和第二。中国一千多个风险资本基金在成百上千的交易中获得了数十亿美元的利润。2013 年，中国基金额达到 1 500 亿美元，在接近 120 个交易中注入数亿美元的资金。

有了初步的理解和经验，雷军开始尝试投资。他成为天使投资人，将自己的钱冒险投入了一家新创企业，购买了 1% 的股份。他说：“我做天使投资人是为了分享创业的乐趣，新想法可以让我开心。”

雷军总结道，要在中国创业，就需要停止单枪匹马的奋斗。它必须是一场运动，不仅要鼓励人们根据自己的想法去冒险，还要鼓励人们去分享和交换想法。面对薄弱的知识产权保护，没有多少中国创业者愿意去真正冒险。这同发生在俄罗斯亚娜·雅科夫列娃身上的事如出一辙。原始的、原创的想法被炮制，而得不到保护。不可避免的是，他们被同化了，他们创新的目的是为了被山寨，而不去充分发挥自己的潜能。

中国的投资也不够有远见。持有一家创业孵化器和种子期基金“500 创投”（500 Startups）的投资人马睿告诉我：“很少有投资者思考他们真正能为创业者带来什么价值，投资人继续将担子放在创业者肩上，但这些创业者又不懂资金产出物的重要性，如人脉、经验和指导。”这是很多新兴市场国家普遍存在的一个问题，投资者不能给创业者提供指导。更糟的是，投资者掌控着大部分的股份，创业者无法放手地去管理他们的公司。这种“掠夺性”的投资正是新兴市场中创业失败的原因。

作为天使投资人，雷军想在人脉、经验以及指导方面给中国创业者带来帮助。当时在中国，任何形式的天使投资都被认为是一种激进的想法。但雷军在金山软件公司的首次尝试，还有在各个场合表达出对中国自身潜能的自豪感，为他赢得了好几位中国高层领导的信任，这让雷军有机会将硅谷几十年以来支持创业的做法付诸实践。雷军说，这能让他与那些之前没有机会共事的人一起工作，也让他遇见了最终能帮他成立小米公司的人。

雷军投资支持了卓越（Joyo）——一个面对消费者（B2C）的电子商务网站。2004年，亚马逊以7 500万美元收购了卓越，并给了雷军丰厚的报酬。他还投资过销售量第一的网上零售商以及移动互联网公司优视科技公司（UC Web）。他意识到，移动手机在中国迅猛发展，在发展中国家发展也很迅猛。2006年，全球共售出了9.9亿部移动手机。一年后，据信息科技公司——加特纳（Gartner）统计，这个销售数据已上升到11.5亿部。中国科技的未来，乃至全世界的未来，在于连接移动手机用户，就像西方网络公司连接个人电脑用户一样。

事实上，雷军认为中国可以在手机领域崭露头角。在互联网发展初期，手机依旧新鲜，它的能力和潜力还有待证实。

雷军在2008年10月的一篇博客中写道："我认为在一年的时间里，移动互联网将成为未来几十年最热门的行业之一，将超过当前的互联网业务规模。"他进一步解释道，这个成果得益于快速发展的先进科技和移动互联网的易得性。然而，对世界上大多数人而言，若没有宽带或拨号上网，私人电脑无论在价格上还是实用性上都不及手机。因此，移动互联网可能要比个人电脑发展得更快、更广。

有了这种想法，雷军开始着手手机业务。就如《商业周刊》的布拉德·斯通说的那样："他的背包里装着仔细研究过的24部手机……他陶醉地谈论着智能手机上的软件，谈论着如何改进它，以供中国十多亿用户使用。"

雷军将重点放在软件开发上。更确切地说，他打算创办可以改变移动互联网的企业。他宣称："互联网是一种思维！"这种思维可以产生其他想法和解决办法，这让雷军无比兴奋。若想具备世界竞争力或重燃创新的希望，中国就需要改变。雷军也许会成为下一个乔布斯，也许不会，但是下一个乔布斯很可能就生活在今日的中国。为了让下一个乔布斯出现，雷军意识到创新十分有必要。

当然，灵活处理问题，坦然接受不确定的事情，以及允许破坏是非常有必要的。有趣的是，对中国政府而言，这些并不是遥不可及的。为了国家的发展进步，自20世纪80年代开始，中国政府已经流露出了改革的意愿，并付诸实施。

20世纪80年代，中国社会主义改革开放的总设计师邓小平开创了国家经济开放政策，中国政府不仅慢慢接受这项政策，还继续向前推进。通过改革开放政策，邓小平为中国打开了投资大门，并鼓励进出口贸易，还放松了农民出售农产品的政策，允许他们进入城市并开店。

1980 年，中国政府设立了经济特区，将地处广东省、毗邻香港的深圳设为第一个经济特区。当时的政府用优惠的经济激励措施邀请外国人来深圳开办工厂，尤其是西方的外国人。他们真的来了。短短几年时间，深圳就从“沉睡的渔村”变成了繁荣的大都会，当地的中国人也纷纷开始创业。到 20 世纪 90 年代，中国创业者开始经营自己的工厂，大量生产或仿制西方产品。这些工厂让成百上千的中国人摆脱了贫穷，开始步入中产阶级，但还有相当一部分人依然没有摆脱贫困。

为了让绝大多数人受惠，中国政府下定决心要缩小贫富差距，保持经济稳定持续增长。这么做的同时，他们陷入了左右为难的境地。中国政府不得不承认，科技、创新以及创业是国家持续发展的关键。

科技、创新以及创业的责任落在个体头上，确实存在一定的风险。然而，在中国政府忙于提高农村贫困家庭的生活质量、为涌进城市的农民提供就业岗位之际，这都是维持现阶段繁荣昌盛的必要手段。中国的经济不仅要为身无技能的劳工创造就业，还要满足有一技之长的大学毕业生就业需求的上涨。2014 年，中国有 727 万本科毕业生。据《20 国峰会报告之中国篇》显示：“科技领域的高端工作岗位设置跟不上毕业生增长的数量，适合毕业生的空缺岗位供不应求。”由于工作岗位的极度缺乏，中国大学毕业生自然将目光转向创业，为自己创造就业机会。大多数人将精力投放在科技领域，尤其关注互联网领域。

和中国大多数互联网企业家一样，雷军遵守政府的检查制度。他说：“成功，有千条路可走。”雷军认为，公众参与就是一条通往成功的路。

• • •

雷军一边呼吁局外人和中国公众一起为小米的米柚固件出谋划策，一边给整个公司灌输民族自豪感。中国的“红星”就是小米的标志。最初雷军本打算将公司取名为“红星”。但经过深思熟虑之后，再加上一些媒体的报道，雷军和团队决定采用一个“引人注目”的名字。最后，他们敲定了“小米”。米是中国人的主食，老少皆宜。此外，“小米”还融合了佛经中“小”的含义，佛经中讲，凡大事都源于小而简单的事。此外，“米”的拼音“MI”是“移动互联网”（Mobile Internet）和“不可能的任务”（Mission Impossible）的缩写——真是一个绝妙的品牌！

智慧已成为雷军经营模式的一部分。500创投的马睿告诉我，说小米旨在“打造不一样的智能手机”，这是雷军和投资者“齐心协力”的结果，并非像硅谷圈内人士所做的那样——

快速行动，破除陈规。雷军花了两年时间描绘公司的蓝图，最终成就了小米。第一步，他招揽了一些如谷歌之类高科技公司的顶级人才。

接着，他联系投资人。启明创投的创始人加里·瑞斯切（Gary Rieschel）是位神采奕奕、满头白发的美国人，曾在中国待了 20 年，在投资移动互联网公司优视浏览器时认识了雷军。加里·瑞斯切告诉我，软件才是雷军的兴趣所在，而非硬件。雷军找瑞斯切及其前搭档童士豪先生（Hans Tung）筹集资本。童士豪现在是纪源资本（GGV Capital）的投资人。

雷军想将小米打造为一个软件公司，从而可以通过多个硬件平台创建像“音乐商店”（iTunes）或是类似亚马逊的界面。瑞斯切告诉我：“在投资的过程中，我们发现小米需要一部自己的手机来成功驱动这一系列的软件。此议题讨论数月后，小米公司带着他们研发的完全集成设备和一套应用程序软件找到了我们。”此时，瑞斯切和童士豪也决定给雷军投资。雷军已决定生产和推销硬件设备，但需要大量资金。然而拥有资金的启明创投与众多硅谷投资公司模式一样，需要其他投资人参与整个交易过程，其目的是不仅为小米增值，还可以帮小米分担风险。

与其他地方的创业者相比，中国创业者筹集资金的难度更大，资金受到严格监控。

因此，中国的创业者不得不从朋友、亲戚或政府基金来源那里筹集资金。当然，胆大的人选择参加类似《鲨鱼坦克》[①] 的真人秀节目，努力劝说评委们为其投资，就像中国的《赢在中国》。雷军想要得到创业资本，并不是因为他对创业资本有较乐观的看法，而是因为凭借着天使投资的经验，并且他将创业资本视为一种重要方式，这种方式可以帮助中国从工业经济走向由创造者、创新者而非生产者驱动的新型经济。

对个人、公司、国家而言，资本就是力量。对于一个创业者而言，激发灵感最重要，没有灵感，公司就无法起步。

随后，雷军联系到新加坡创投公司淡马锡（Temasek）、驻华风险投资基金国际数据投资集团（IDG Capital）以及美国风险投资公司晨兴创投（Morningside Ventures）。这些公司都与小米签约，决定给小米投资。加上启明创投，他们总共为小米投资 4 100 万美元。这笔投资也被证明是有价值的。依瑞斯切看来，雷军和共同创办人所面临的挑战之一就是如何操作，是一项“极具挑战性的业务”。雷军不仅想要主导智能手机市场，还想通过智能手机市场释放中国的创新活力。

正如雷军 2008 年预言的一样，智能手机全面开启火爆

① 《鲨鱼坦克》又称《创智赢家》，是美国 ABC 电视台的一系列发明真人秀节目。——译者注

模式。风险投资公司安德森·霍洛维茨基金（Andreessen Horowitz）的手机行业分析师本尼迪克特·埃文斯（Benedict Evans）断言，到2020年，智能手机的用户量将是个人电脑的2~3倍。智能手机将会代替所有电话，全世界每个季度可能有4亿~5亿部的销售量。

手机当仁不让成为今天引领科技的元素。正如埃文斯所指出的，在这一领域，苹果和谷歌是领头人。埃文斯写道："全球每年18亿（还正在增长）的手机销量中苹果占10%，安卓手机的销量占50%，而安卓手机的市场份额可以粗略地一分为二：中国国外市场和中国国内市场。国外2/3的市场由谷歌安卓把控，国内1/3的市场由非谷歌安卓占领。"小米是中国为数不多的赢得客户和市场的公司之一。正如本尼迪克特·埃文斯所言，虽属极少数，但是小米却依然着力打造并重新设计安卓前端设备，"从主页和通知栏，再到个人栏的整个用户界面都简洁明了。"最重要的是，小米专注依靠技术外包和大众参与来制作应用软件服务。雷军注意到，手机更新换代特别快。"收集顾客评论，倾听用户的意见，并将其融入生产计划，这是非常有益的。"雷军相信，这就是创新的根本。

• • •

法里德·扎卡利亚（Fareed Zakaria）在《后美国世界》（*The*

Post-American World）中提到，中国政府“促使中国大面积迅速改革，可以将人力和资源直接送到有需要的人手里”。在这初步萌芽的创业环境中，一个人专注于互联网和科技举步维艰。一个途径、一种方法或者一次进步等，不可能放之四海而皆准。经济发展打开了新的社会经济局面，让个人拥有权利重新分配财富和资源。

随着中国人渐渐步入中产阶级，人们的需求和奋斗目标也随之发生变化。生存不再是为了糊口。人们越奋斗，生活就越具有可预见性。人们可以享受教育和医疗保险，有更多时间去娱乐。这是一个社会觉醒、政治参与的好时机！研究的时机也到了！

中国政府打算从微观上管理实验研究。新美国基金总裁安妮·玛丽·斯劳特（Anne-Marie Slaughter）在《外交事务》（*Foreign Affairs*）的一篇文章中提到：“中国政府下定决心发展创新，就好像是在培育各种各样的大豆，因为依赖于工业园区，里面等同混杂着各个板块，如教育、研究、科技和娱乐等，在各自领域都自诩为‘人才高地’。”

的确，中国政府已经通过专门政府机构科技部向科技领域大力投资，并给予鼓励措施，如提供减税优惠、补贴政策，设立种子基金，创建技术孵化器以及科技项目。

自20世纪80年代起，中国政府已支持了863计划[①]、973计划[②]、火炬计划[③]以及星火计划[④]。这些项目都以不同形式，支持包括地理、生物科技、能源、医学和技术等多维度研究，帮助把产品和服务投放到市场。其中火炬计划等项目在全国各地都建立了高科技工业园区。北京西北部聚集了90多家科技公司的中关村，就是一个典型。

中国政府已经将研究和发展放在第一位。据“经济合作和发展组织”（OECD）报道，中国国内生产总值的1.98%都投入到研究和发展领域。2013年，中国总计投入2 840亿美元，美国投入4 650亿美元。中国计划到2020年将投入比重增加到2.5%，美国对其投入则会少于1.5%。到那时，中国对研究和发展的投入将会超过美国。

真正的创新是不能被控制、强迫或是精心安排的，且通常

① “863计划”全称“国家高技术研究发展计划”，于1986年3月启动，故名“863计划”。——译者注

② 1997年6月4日，原国家科技领导小组第三次会议决定要制定和实施“国家重点基础研究发展规划”。1997年的第3次会议制订的计划，所以叫“973计划”。——译者注

③ 火炬计划是一项发展中国高新技术产业的指导性计划，于1988年8月经中国政府批准。——译者注

④ 星火计划是经中国政府批准实施的第一个依靠科学技术促进农村经济发展的计划。计划报告中引用了中国的一句谚语“星星之火，可以燎原”，因而誉名为“星火计划”。1986年年初，中国政府批准实施这项计划。——译者注

发生在边缘地带，发生在那些看起来不可能的地方。创新就是一个过程，像变化着的四季一样，变换更替着。更重要的是，创新不属于任何一个人。任何有想法的人，任何有意愿一探究竟的人，即使身处艰难困境，都可以创新。

雷军就是这样一个人。他的小米公司通过公共协同努力，生产着让人望眼欲穿的高端智能手机，提供着极受大家欢迎的移动服务。他们的付出让中国科技界为之兴奋，也让小米公司跻身中国最有价值的公司之一。2014 年，小米筹集风险投资 11 亿美元，这让小米公司市值升至 450 亿美元，超过了优步或是美国其他风险投资支持的新创企业。小米已经成为中国乃至全球企业中至关重要的一员。公司正扩大其业务范围，进军其他领域。像土耳其的布莱特·塞勒比一样，他生产机顶盒提供网络电视节目。雷军正在用类似尼日利亚“帕加支付”的平台，潜心钻研移动支付领域。

泰勒·欧文（Taylor Own）在《颠覆性力量：数字时代国家的危机》（*Disruptive Power: The Crisis of the State in the Digital Age*）中提到，“破坏性的创造者”正从 20 世纪处理国际事务的机构里慢慢消失，比如说外交部和武装部。他还提到，“在命令控制型管理和经济时代，建立在工业模式基础之上的等级社会”在 21 世纪已不管用了，“他们必须调整适应。”

21 世纪的经济，无论是“全球化”“新型”抑或是“共享型”，都是史无前例的。促使装配线和世界 500 强公司相对兴盛的 20 世纪模式已不复存在。今天的数字动态经济不再受惠于组织严密的公司架构，相反，它取决于创新和积极性。这是一种由创业者填充燃料来推动的经济。

如今的新创企业很大部分得益于 10 年前科技突破的成果，比如：个人电脑、笔记本电脑以及智能手机，这些只是少部分例子。每一个突破都能帮人解决一个问题或是检验一个新想法。这种东西是需要被鼓励的，规章制度、政策制定者或政府都无法阻碍。20 世纪或许管用的那些东西，已不适用于现在。政府必须调整适应。

雷军已经迈出了可以改善中国创业环境的第一步。雷军成为勇敢者的典范，他做了史蒂夫·乔布斯、比尔·盖茨、拉里·佩奇（Larry Page）以及谢尔盖·布林等人所做的事，将硅谷打造成创新的圣地；他做了土耳其的布莱特·塞勒比、尼日利亚的塔约·奥维苏、巴基斯坦的莫里斯·拉赫曼、墨西哥的恩里克·戈麦斯·洪科、印度的夏菲·马瑟，以及俄罗斯的亚娜·雅科夫列娃在他们各自的祖国做过的事。唯有积极性、奉献精神、毅力和远见才能改变现状，唯有创业者才能改变现状。创业者已不仅仅来自硅谷，而是来自大千世界。

From the Other
Side of the
World

尾 声

真正的美景，在地图上是找不到的！

——梅尔维尔，《白鲸》

硅 谷

我对全球创业者的了解，源自一个简单的问题：美国以外的创业者都在做什么？他们都是怎么做的？根据我对非洲、亚洲、拉丁美洲和中东地区等许多地方企业的了解，即便能创业，也是件难事。因为前方困难重重：缺乏技能型人才、基础设施薄弱、安全无保障、垄断、腐败和满足现状。

在访问土耳其、尼日利亚、巴基斯坦、墨西哥、印度、俄罗斯和中国这些涌现大规模经济的新兴市场国家之后，我意识到，即便眼前的障碍还没有被完全清除，但仍旧阻挡不了他们前进的脚步。尤其在世界上最庞大的那些市场中，全球性的创业者不断地涌现。

越来越多的创业者催生了像旧金山湾区（Bay Area）[①] 一样的很多地区。实际情况是，现在很多地方都起“硅什么”之类

---

① 美国圣弗朗西斯科湾地区，是旧金山的高级住宅区。——译者注

的名字，如纽约的硅巷、南非的硅角、中国的硅谷之龙、东非肯尼亚和坦桑尼亚的硅草原、中东地区的硅溪，这仅仅是其中的几个。然而，没有一个能成为下一个硅谷。出现在本书里面的那些创业者也认为，这些地方不会、也不想成为下一个硅谷。

硅谷或许是新创公司的理想之地，但硅谷是不能代表或界定创业精神的，只有发展进步才可以。

创业不是搞出一个科技公司、一家企业、一个产品或一项服务就够了。从根本上说，创业就是改变和革新，是各种各样按钮的重置。每一个创业者，都要按一下那个按钮。

在土耳其，布莱特·塞勒彼利用文化、企业价值观和公司原则克服了国家缺少技能型人才的难关。为了给他的艾泰公司打造“文化”，布莱特规划了公司未来的蓝图。这个蓝图并不要求一夜之间就提升土耳其的人才水平，而是主张全面地看问题，将焦点集中在顾客利益和公司的卓越性上。全面地看问题和聚焦核心最终为土耳其创业打开了一扇大门，开始吸引形形色色的人才，造就了艾泰公司今日的辉煌，同时也带动了一些其他新创公司的繁荣发展。

在尼日利亚，塔约·奥维苏创建的移动支付平台帕加科技引领着尼日利亚的改良进程。通过帕加科技，更确切地说，是通过他自己对光纤线路的投资，为尼日利亚基础设施缓慢的建设步伐做出了贡献。不仅如此，他的移动支付平台成为所有尼日利亚人打造金融服务的“渠道”。“我们正在做比我们当中任何一个人都要伟大的事。”他告诉我。

在巴基斯坦，莫里斯·拉赫曼利用网络攻克了缺乏合作平台的障碍。最初，他是通过网络，后来又面对面地鼓励巴基斯坦人团结、创新，某些时候还要合作。所有这些付出都催生了一个充满活力的科技景象，给巴基斯坦和世界提供了一个全新的视角，让大家对巴基斯坦的看法着眼于思想创新上，而不是停留在缺乏安全感上。

在墨西哥，恩里克·戈麦斯·洪科找到一处合适的地方，独自创办了企业，绕开了墨西哥垄断集团的阻挠。恩里克在替代性能源领域白手起家，成为墨西哥头号创业者中的一员，并点燃了整个国家的创业激情和竞争意识。

在印度，夏菲·马瑟意识到，只要腐败一天不消灭，国家就持续缺乏有效和高效的公共服务体系。老百姓呼吁增强印度政府的责任感、道德规范和透明度，在创建营利性的救护车公司 1298 的过程中，夏菲加强了这一呼声。

在俄罗斯，亚娜·雅科夫列娃拒绝为错误的指控认罪。相反，她与之斗争，坚持为正义而战，为让俄罗斯人无所畏惧地拥有梦想和创新的环境而战。在当下的俄罗斯，虽然很难，但并非不可能。特别是亚娜通过“商业团结工会”的付出，让俄罗斯创业者得到了法律和政策的保护。但很难说，这些保护措施能持续多久。

在中国，雷军鼓励他的中国同胞不要只是复制硅谷，还要靠自己去思考、想象和创新。围绕着开源技术的概念，即可以鼓励全民参与的系统，他打造了他的科技公司小米。雷军很想让小米成为全球科技巨头，与脸书、谷歌以及他的直接竞争对手苹果公司一争高下。他明白，要想达到这样的成就，获得客户、扩大规模以及驱动创收是远远不够的。小米必须改革创新。一个公司就如同一个国家，但是，它又不愿意这样做。通常，改革创新发生在那些积极谋求改变的地方。中国已通过改革来推动经济增长和繁荣。如果能继续改革，那么中国不仅能够成为世界经济大国，还会成为硅谷值得较量的对手。

正如在最开始提到的，创业就是一个“创造性破坏”的过程——消除旧流程，催生新方法，然后创造机会，不能只停留在沿街开个店面或推出一种新技术的层面上。面对各种不利条件，创业者要逆流而上，要引入新的行为模式、系统和思维方式。

正如硅谷早期的创业者，将已有的企业模式粉碎，引发了改革创新的浪潮。曾经那些“发展中”国家，即便不是被轻蔑地冠以“发展中”，至少也被巧妙地冠上这个名号。这些国家中的无惧无畏者，开始复制从硅谷孕育而生的思想。他们创建了很会赚钱的企业，他们开始供应具有全球竞争力的产品和服务，赢得了国际赞誉，更为重要的是，吸引了国际投资。所有的这些都开始打破现状，也给当地人带来了好处，也就是我为写这本书拜访过的几个地方。带来的好处比任何我过去见过的国际组织、非政府组织或者非营利帮扶项目带来的都多。这些地方有土耳其、尼日利亚、巴基斯坦、墨西哥、印度、俄罗斯和中国。

发展再也不只是政府的事。同样，在我写这本书的整个旅程当中，我发现创造财富也不再是小众精英或国家中某一小撮人所独有。创造财富的生意已从铮铮发亮的高楼转移到了普通的男男女女手中，他们不再将视野局限于独立的小零售店或番茄酱工厂上。

不管是在拉合尔或拉各斯、蒙特雷或孟买，整个世界的人民都开始通过创业来解决长期困扰他们的问题。他们做着在20世纪60年代硅谷为了让美国企业化所做的事，在经济上，尽可能改变他们自己的国家。他们的努力突破了任何地方可能存在的限制，他们创造的繁荣为全世界人所享用。

他们的故事才仅仅是一个开始。

世界的另一面

From the Other
Side of the
World

在这个世界的某个地方，某个人正在做着某件事，或许它就是下一个苹果、易贝、脸书、谷歌、惠普或英特尔。下一个伟大的革新者，下一个乔布斯，不会出自硅谷，而会出自墨西哥、尼日利亚、巴基斯坦或是土耳其。实际上，下一个乔布斯目前就生活在这些地方的某处。

From the Other
Side of the
World

致 谢

我的祖父母无法明白上学对一个女孩儿的意义所在。他们认为，一个受过教育的女孩儿是“危险”的，就只会给男孩子们写情书。我外婆卢伟德·萨科尔（Rüvede Çakır）目不识丁，但看得长远，她认为教育可以赋予女人权利和自由。这就是她对女儿们，我的母亲内斯林（Nesrin）和姨妈纳尔敏（Nermin）的期望。而我母亲不但保证我能接受教育，而且一再告诫我，“永远别依赖男人。”

我的这本书在许多人的帮助下得以完成：有家人，有朋友，有老师，还有导师。你们中的许多人，我都要感谢。感谢你们通读了全书，感谢你们给了我富有价值的见解。其中，我最最要感谢的，便是在我写作的时候，全力支持我的：丹米·阿德西纳（Demmy Adesina）、卡丽·阿杰诺夫（Carrie Agnoff）、巴瑞斯·阿克索伊（Barış Aksoy）、菲利普·奥尔斯瓦特（Philip Auerswald）、塔拉·阿雅克佳克（Tara Ayacağak）、克莉丝汀·贝德尔（Christine Bader）、尼尔·巴蒂亚（Neil Bahtiya）、莫斯达菲·巴拉迪（Mostafa el-Baradei）、金·巴克尔（Kim Barker）、艾利森·柏琳娜（Allison Berliner）、马修·毕绍（Matthew Bishop）、安德鲁·布莱克威尔（Andrew Blackwell）、罗伦·博恩（Lauren Bohn）、伊娃·伯吉斯（Eva Burgess）、丹尼斯·伯勒尔·斯廷森（Denise Burrell-Stinson）、埃琳娜·祁普睿蒂（Elena Ciprietti）、贝内·契波拉（Bene Cipolla）、恩古斯·柯林斯（Aengus Collins）、泰勒·考恩（Tyler Cowen）、迪莱克·德茵拉瑞（Dilek Dayınları）、汤姆·唐尼（Tom Downey）、阿曼达·杜根（Amanda Dugan）、泰丝·艾森哈特（Tess Eisenhart）、亚当·艾利克（Adam Ellick）、罗宾·爱泼斯坦（Robin Epstein）、温基·甘尼斯安（Venky Ganesean）、帕米尔·葛朗毕（Pamir Gelenbe）、法迪·甘杜尔（Fadi Ghandour）、格雷斯·戈尔德（Grace Gold）、丽莎·高曼（Lisa Goldman）、迈克尔·格林（Michael Green）、兹维卡·哈斯（Zvika Haas）、琳达·哈姆斯（Lynda Hammes）、斯蒂芬妮·汉森（Stephanie Hanson）、克雷格·海特（Craig Heit）、马克·海森（Mark Hessen）、罗宾·赫斯曼（Robin Hessmen）、奥美尔·海兹罗戈洛（Ömer Hızıroğlu）、凯萨琳·霍克曼（Catherine Hochman）、凯利·霍伊（Kelly Hoey）、克莱尔·哈钦森（Clare Hutchinson）、沙基尔·海珊（Shakir Hussein）、安德鲁·胡萨尔（Andrew Huszar）、

乔希·杰克森（Josh Jackson）、杰拉克·乔班普特拉（Jalak Jobanputra）、穆罕吉特·乔莉（Mohanjit Jolly）、凯若琳·卡尔扎科夫斯基（Caroline Krzakowski）、阿里·克拉贝（Ali Karabey）、瓦莱丽·凯利（Valerie Kelly）、约书亚·肯德尔（Joshua Kendell）、斯蒂芬·金泽尔（Stephen Kinzer）、马克·朗伯（Mark Lambert）、乔希·拉波特（Josh LaPorte）、马文·廖（Marvin Liao）、马瑞（Rui Ma）、露西·马库斯（Lucy Marcus）、查尔斯·马森（Charles Masson）、苏克图·梅塔（Suketu Mehta）、凯特·马奥尼（Kate Mahoney）、凯特·马洛夫（Kate Maloff）、艾瑞克·米勒（Eyrique Miller）、萨拉·默里（Sarah Murray）、努曼·努曼（Numan Numan）、查理·奥唐纳（Charlie O’Donnell）、莎伦·奥尼尔（Shannon O’Neil）、西沃恩·奥特贾奇（Siobhan Oat-Judge）、克丽丝塔·帕里斯（Krista Parris）、米歇尔·波特曼（Michelle Portman）、保罗·普莱特尔（Paul Prettitore）、夏菲利·普里（Shaifali Puri）、艾米·雷斯尼克（Amy Resnick）、莉娃·里奇蒙（Riva Richmond）、安德鲁·罗森（Andrew Rosen）、劳拉·西伊（Laura Seay）、杰姆·塞尔特格鲁（Cem Sertoğlu）、艾姆利斯·舒美卡尔（Emrys Schoemaker）、亚当·塞克斯顿（Adam Sexton）、伊扎克·谢伊（Izak Shay）、劳伦斯·斯

科特·希茨（Lawrence Scott Sheets）、莉娜·斯里瓦斯塔瓦（Lina Srivastava）、劳拉·斯托内（Laura Stone）、阿伦·泰勒（Allen Taylor）、维贾伊·维塞斯瓦伦（Vijay Vaitheeswaran）、劳拉·韦丁格（Laura Weidinger）、丹尼斯·惠特尔（Dennis Whittle）、乔希·伍德沃（Josh Woodward）、米歇尔·乌克尔（Michele Wucker）、莉娜·许（Lina Xu）、杰夫·杨（Geoff Yang）和穆沙拉夫·扎迪（Mosharraf Zaidi）。

在写作的过程中，我的伙伴布鲁克·夏菲娜（Brooke Shaffner）和朱莉娅·米勒（Julia Miller）不断鼓励我，还给我提供了很好的指导。

金柏莉·布拉斯韦尔（Kimberly Braswell）把我介绍给琳达·罗登博格（Linda Rottenberg），让我知道了什么叫"奋进"（Endeavor）；我特别感激琳达和皮特·凯尔纳（Peter Kellner），他们成立了一个最伟大的非营利组织。

土耳其慈善基金为该项目提供了巨大的支持。我还要感谢哈尔敦·塔斯曼（Haldun Taşman）、奥茨浪恩·卡弗拉夫（Özlenen Kavlav），尤其是西内·阿塔斯利幕（Şenay Ataselim）。

感谢劳拉·维拉洛博斯（Laura Villalobos）和马里奥·迪亚卜（Mario Diab），在我环游世界的时候给予我悉心的照料。

辛迪·科（Cindy Ko）将瑜伽介绍给我，瑜伽锻炼增强了我的体质，让我能够有体力去完成本书的写作。詹尼弗·卡赞斯坦（Jennifer Kazenstein）手把手地教我，让我爱上了瑜伽，让我学到了所有课程中最重要的一课——应该追求进步，而不是完美。萨拉·摩根（Sara Morgan）、迪娜·艾瓦斯（Dina Ivas），特别是詹尼弗·瓜奈里（Jennifer Guarneri）进一步提点我，让我能够神奇般地完成倒立（我只需要把头顶在地上就可以了）。

即便是在荒诞无稽的时刻，吉莉安·麦肯齐（Gillian MacKenzie）对我的信任和该项目仍旧鼓励着我俩。感谢约翰·马哈尼（John Mahaney），正是在他的帮助下，这本书的原稿才能成型，也正是这份原稿推动我成为一名更优秀的作家。谢谢你，约翰。此外，我还要感谢出版社的所有工作人员。

将一份衷心而又特别的感谢送给唯有称得上朋友的这些人：罗伦·博恩（Lauren Bohn）、亚当·艾利克（Adam Ellick）、罗宾·爱泼斯坦（Robin Epstein）、迈克尔·格林（Michael Green）、斯蒂芬妮·汉森（Stephanie Hanson）、奥美尔·海兹罗戈洛（Ömer Hızıroğlu）、凯利·霍伊（Kelly Hoey）、约书亚·肯德尔（Joshua Kendell）、斯蒂芬·金泽尔（Stephen Kinzer）、夏菲利·普里（Shaifali Puri）和莉娜·斯里瓦斯塔瓦（Lina Srivastava），他们经常放下手头的工作听我诉说，给我欢乐，最可贵的是递给我一两杯红酒或威士忌，有时候两者一并递上。

家人给予我的支持是无与伦比的，即便他们不知道或不理解我支持的是一件什么事。从第一天起，埃尔米拉家族（TeamElmira）就永远成为我心目中最伟大的冠军，我的母亲内斯林（Nesrin）、父亲拉西姆（Rasim）、弟弟艾尔库曼（Ercüment）、弟媳莉莎（Lisa）、漂亮的外甥女丽娜（Rina），还有总是给我带来惊讶的妹妹艾莉芙（Elif）。我妹妹是我生命里的一盏灯，她漂亮、大方、朴素、善良、聪慧并多才，是我做梦都想成为的那种女人。

写作既不好玩，也不容易。我很庆幸自己能够周游世界，结识书中的那些创业者。我很感谢那些百忙之中抽出时间的人们，让我跟着他们到处转悠，允许我问一些听起来没完没了或毫无意义的问题。他们每个人都非常亲切。我还要感谢自己在路上遇到的那些善良又热心的人，他们停下脚步来帮我，为我指路，为我翻译，或者仅仅是给我讲个故事或给我一个微笑。其实，他们并不需要为我做这些。但世界就是那么难以令人置信，总能给你带来美好的东西！

这本书就像曾经鼓励我写作，并鼓舞我坚持到底的那个人一样，改变了我的人生。